价值投资要义

余震 著

地震出版社

图书在版编目（CIP）数据

价值投资要义 / 余震著. —北京：地震出版社，2024.4

ISBN 978-7-5028-5641-0

Ⅰ.①价… Ⅱ.①余… Ⅲ.①股票投资 Ⅳ.①F830.91

中国国家版本馆CIP数据核字（2024）第037862号

地震版　XM5659 / F（6471）

价值投资要义

余震　著

责任编辑：李肖寅

责任校对：凌　樱

出版发行：地震出版社

北京市海淀区民族大学南路9号　　　　邮编：100081

发行部：68423031　　　　　　　　　　传真：68467991

总编办：68462709　68423029

编辑室：68467982

http： //seismologicalpress.com

E-mail：dz_press@163.com

经销：全国各地新华书店

印刷：河北赛文印刷有限公司

版（印）次：2024年4月第一版　2024年4月第一次印刷

开本：710×1000　1/16

字数：225千字

印张：13.75

书号：ISBN 978-7-5028-5641-0

定价：50.00元

版权所有　翻印必究

（图书出现印装问题，本社负责调换）

谨以此书献给我的父母

自序

起初接触到价值投资是我本科快毕业的时候,当时闲来无事看起了商科的书籍,发现自己对股票投资颇有兴趣,于是打算将股票投资作为自己愿意从事一生的事情。从那以后,股票投资成了我生命中不可缺少的一部分。在我的人生里,股票投资可以是我的主业,也可以是我的副业,但是不能没有。

投资中充满着不确定性,因为今天买入后没有人可以预测明天或后天股价的涨跌。你说它是不确定的,它又有确定的成分,长期来看,优质公司的股价是上涨的。

关于股票投资的确定性和不确定性还有一点:个人看上去对的投资逻辑,市场可能觉得是错的。买入好公司股价一定会不断上涨吗?公司不会说话,好与坏都是人决定的。你觉得这家公司质量不错,别人不一定这么觉得。有些人觉得美的集团、格力电器不错,有人就觉得空调行业会跟随房地产行业一样迎来一轮比较长的调整周期。有些人觉得阿里巴巴、腾讯控股是好公司,有人就觉得互联网时代已经结束了。有人看多,有人看空,才会有买卖,才会有交易,才会有市场。

从 2021 年开始,市场已经调整了快三年的时间,这三年已经磨掉了很多机构和个人投资者的耐心。似乎很多人都不再相信价值投资,不再相信买入好公司股价会慢慢上涨这件事情。三年市场的股价下跌让曾经确定的成长性公司变成了不确定,投资者 2021 年买入了 ROE、归母净利润、经营现金流都很好看的优质公司,持有三年,收益率都跑不赢银行定期存款利率。

我很喜欢一个俗语:塞翁失马,焉知非福。因为事物都是有两面性的,有得必有失。基于昨天和今天的环境,我们可能看到了它"失"的一面。而

价值投资要义

明天环境一变,我们就可能看到它"得"的一面。

很多聪明的投资者将资产放在了长期收益率更高的股权资产上面,自认为长期持有后会实现自己的财富升值,可惜往往事与愿违,毕竟高收益也意味着高风险,市场的波动是股票投资者必须要承担的。

世事同样难料。考入一个好学校的本科、硕士,就一定能找到一份好工作吗?每年高考成绩出来时,获得高分的考生往往欣喜若狂,好像考上了就什么都有了,大学毕业后才发现不是如此。

我身边有些朋友毕业院校不是双一流大学,可是因为读的专业毕业时很火,也找到了一份薪酬不错的工作。我读过很多上市公司的年度报告,发现除了独立董事,不少上市公司管理层的学历也都平平无奇,很多管理层的学历都是后期提升的。在我的印象里,那些"清北复交"毕业出来的优等生在上市公司中担任高管的并不多。当然,不是说"清北复交"的毕业生过得都不好。事实上,他们大多数过得都不差。只是说人生发展是一个漫长的戏剧性的过程,有些前期看似美好的开局到了后期不一定是美好的,而有些抓了一手烂牌的人可能会成为最后的赢家。

再进一步说,有一份薪酬待遇不错的工作,生活一定很幸福吗?很多白领每天忙忙碌碌、加班加点,终其一生被房贷车贷所困。不提制造业,很多毕业生挤破头都想去的金融行业和互联网大厂并没有多轻松。那些在BAT做研发的人,工资待遇是很不错,但是加班加点是常态,上线升级还要通宵。在银行证券保险总部工作的人,工作强度也不小。

企业和人有一定的相似性。短期看总有股价和业绩比较亮眼的公司,"市场先生"也特别愿意给予这些公司高估值。短期内也总有些人赚钱赚得特别多。在投资领域,即使在市场不景气的时候,短期内也总有一些基金业绩特别好,客户也愿意投资这些基金。除了投资领域,在其他领域也经常有"别人赚钱比你快"的现象,那些粉丝数较多的短视频博主通过直播带货和接广告的收入比很多名校毕业生的年薪还要高。

短期内业绩好,价值投资就是没有用的吗?一场直播带货的收入抵得上寒窗苦读多年打工人的年薪,读书就是没有用的吗?

在企业资本运营中,企业可以选择追求利润最大化、股东权益最大化。

自 序

而如果企业追求利润最大化的话,企业的发展必然是不会长久的。为了实现基业长青,企业往往会选择放弃利润最大化,追求股东权益最大化。

风口过后,那些曾经万众瞩目风风光光的公司往往股价会出现断崖式下跌。而那些拥有成熟商业模式的优质公司业绩则稳步增长,其股价往往可以穿越牛熊。那些短期业绩突出的基金在时间的长河中也销声匿迹了,越来越多的投资者开始买入并持有注重长期回报的基金。短视频网红的周期就更短了,之前很火的百万粉丝博主过段时间就刷不到了。短视频门槛低、竞争大,每天都有新的热点,平台流量转移非常快。而那些踏踏实实跟着导师做科研出来的硕士、博士整个人生的现金流总和远远高于一时风光的短视频博主。

短期来看正确的事情,用长期的视角来看并没有那么正确,这也是我本人坚持价值投资的理由。如果你想要通过在股票市场投机快速实现阶级跃迁,这本书可能没有办法帮助到你。不过,如果你想要通过学习价值投资让自己的资产慢慢增值,这本书可能会对你有所裨益。

稍微慢一点,其实没有什么关系。走得快的人不一定走得远。人生不过三万天,如果将人生看作一场三万公里长跑的话,那么在前面一万公里跑第一很重要吗?

此外,本书仅仅是一本关于投资的书。投资只是普世智慧的一个分支,即使通过投资实现财务自由也仅仅是满足了生活的物质基础,幸福才是人生永恒的主题。与其坐拥庞大资产而不懂生活,不如懂得物质和精神的平衡过好这一生。

我们绝大多数人终其一生可能都不会比巴菲特富有,燕雀也永远没有鸿鹄飞得高,但是鸿鹄飞得再高,能飞过生死吗?市场是逐利的,但人生没有必要只为功名而活。除了地上的六便士,生活还有天上的月亮。有时候安安静静地去听一场音乐会、看看夕阳,也是一种浪漫。因为时间不会给我们太多机会,每个人都是有终点的。

只追逐六便士过于物质,只追逐月亮过于理想。我们要尽量平衡好这一生,让物质生活和精神生活都处在一个合理的位置。

最后,分享一句我很喜欢的话。这句话陪我走了很长一段路,也在我人

价值投资要义

生数次低谷时微弱地闪光：有志者事竟成，破釜沉舟，百二秦关终属楚；苦心人天不负，卧薪尝胆，三千越甲可吞吴。

共勉。

是为序。

2023 年 10 月 16 日于苏州

目 录

第一章 价值投资三板斧

第一板斧　低估买入 …………………………………… 4
第二板斧　合理估值持有 ……………………………… 16
第三板斧　高估卖出 …………………………………… 29

第二章 商业模式

"护城河" …………………………………………………… 49
行业格局与成长空间 …………………………………… 64
轻资产与重资产 ………………………………………… 77
单一化与多元化 ………………………………………… 89

第三章 投资原则

集中投资与分散投资 …………………………………… 111
顺向投资与逆向投资 …………………………………… 119
商业模式与管理层 ……………………………………… 128
宏观经济与微观企业 …………………………………… 139

第四章 投资实战

云南白药 ………………………………………………… 149
迈克生物 ………………………………………………… 156
今世缘 …………………………………………………… 162

价值投资要义

生益科技	165
汤臣倍健	173
芒果超媒	182
分众传媒	187
通化东宝	200
中顺洁柔	204

第一章

价值投资三板斧

能否在股票市场里赚钱和个人的投资理念和投资体系有很大的关系。那些追热点概念和小道消息而没有自我思考能力的投资者亏钱往往源于投资理念的不成熟和投资体系的不完善。价值投资作为一种投资理念，其实归根到底只有一句话：买股票就是买公司。

价值投资的投资理念是相同的，但因为价值观、人生观、能力圈的不同，不同的价值投资者的投资体系往往各不相同，同一位价值投资者的投资体系随着经验的积累和资金量的增加也会有所变化。即使选中了相同的公司，如果没有投资体系这个背后逻辑的支撑，很有可能别人赚钱而你亏钱。比方说巴菲特投资中国石油，有不少投资者效仿，但是可能巴菲特赚了钱而你亏了钱。也有不少投资者喜欢跟着专家或"大V"投资，结果却不太理想。因为这家公司可能在别人的能力圈而不在你的能力圈，可能别人对这家公司的商业模式很了解而你一问三不知，你也不清楚这家公司的买点和卖点。

本杰明·格雷厄姆的投资体系是建立在大萧条时期的，他注重于定量分析，而不考虑公司的商业模式，他在骨子里不相信公司会随时间的变化慢慢成长，所以他所有的买入都是为了卖出。

巴菲特师承格雷厄姆，从散户到合伙制公司早期也是从投资烟蒂股开始的，买了一堆二三流的烂公司，比方说桑伯恩地图公司、登普斯特制造公司。后来受到菲利普·费雪和查理·芒格的影响，巴菲特的投资体系开始转向定性分析，他开始分析公司的商业模式去寻找成长股，于是投资了喜诗糖果、可口可乐等优质公司。

散户和基金经理的投资体系也不相同。基金经理有专业的研究团队和内幕消息，但是基金经理的考核是短期的，在市场一片恐慌的时候，基金投资者在不停地赎回，这就导致了基金经理很难用比较低的成本去建仓。反之亦是如此，牛市行情到来，基金比较好融资，基金投资者在不断购买，而此时建仓成本较高，市场下跌可能性大，基金经理反而不好建仓。业绩考评的短期化往往会导致基金经理去购买一些高市盈率和高市净率的股票。散户则不同，如果不加杠杆融资，散户的资金都是自己的,所以可以在熊市时大胆买入并长期持有,但是散户的研究能力往往欠缺,并且也是最后一批知晓行业和公司消息的人。

有一套成熟的投资体系也不一定代表着年年盈利。由于市场是波动的,同一套投资体系可能在一段时间内赚得盆满钵满,也可能在一段时间里浮亏得一塌糊涂。无论是格雷厄姆、巴菲特、芒格都有在一段时间里浮亏的业绩,尽管他们的投资体系几乎没有变化。

虽然被称为"股神",巴菲特也有投资失败亏损退出的时候。早期老巴还在"捡烟蒂"的时候,在投资克利夫精纺厂和奥马哈太阳报的时候就亏损过;在投资伯克希尔·哈撒韦的时候也被纺织业务拖累忙得焦头烂额。后期在发掘成长股时也踩过坑,拿当时市值约4.33亿美元的25203股伯克希尔·哈撒韦A股换股收购德克斯特鞋业亏成零,在石油价格昂贵之时买入康菲石油亏损了几十亿美元,投资IBM的结局也不太好。

在本人读经济金融类书籍和上MBA课程的时候,发现很多作者和老师会讲一些晦涩难懂的概念和指标,把简单的投资讲得过于复杂。那么对于大多数普通投资者来说有没有一套简单的、可持续的、可复制的、可盈利的投资体系呢?

于是就有了价值投资三板斧。三板斧这个比喻,意为解决问题的方法不多,但却非常管用。价值投资三板斧分别为:低估买入、合理估值持有、高估卖出。

在王家卫的《一代宗师》里有这样一段台词。勇哥:"人家宫家六十四手千变万化,你们咏春就三板斧:摊、膀、伏,你怎么打啊?"叶问:"三板斧就够他受的了。"

同理可得,人家买一只股票看MACD、布林线等那么多指标,你价值投资就三板斧,怎么赚钱呢?其实三板斧就够市场受的了,因为股票投资归根到底就是在回答三个问题:这家公司怎么样、什么价格买、什么价格卖。投资到头来也就两个字——盈和亏。

第一板斧　低估买入

何为低估买入？沃伦·巴菲特说过投资只需要接受两门课程良好的教育就足够了，一门是如何评估企业的价值，另一门是如何面对股价的波动。对于市场股价的波动，我们投资者是没有办法预测的。不去预测市场意味着不去预测上证指数、深证成指、创业板指等涨跌，不去预测持仓公司股价的涨跌。

A股市场波动往往受资金面、基本面、情绪面等多方面因素影响。上证指数可能在一天内暴跌，也可能在一天内暴涨，也可能在一天内高开低走，也可能在一天内深V反转。无论这家公司是好公司还是烂公司，股价都可能会在一天内大涨，也可能在一天内大跌，甚至出现天地板和地天板。

未来是不可预测的。业绩好股价一定会涨吗？不一定。云南白药披露2020年年度报告归母净利润同比增加31.85%，扣非净利润同比增加26.63%，经营现金流同比增加81.92%，然而股价却在年度报告披露之后大跌，因为市场认为公司"炒股"不务正业并且"炒股"对业绩影响太大。2021年覆铜板行业非常景气，生益科技2021年的业绩也是很亮眼，归母净利润同比增加68.38%，扣非净利润同比增加57.45%，经营现金流同比增加1.01%，然而年报出来以后市场反应平平，公司股价也没怎么涨。相反，业绩不好股价一定不涨吗？也不一定，只要赶上热点题材，公司业绩亏损而股价上涨的例子比比皆是。

公司回购股价一定会涨吗？不一定。腾讯控股在2022年3月和4月发布了回购股份的公告，这属于利好消息，但公司股价却没有怎么涨。股东减持股价一定会跌吗？也不一定。海康威视龚虹嘉不间断减持股份，人称"套现王"，但他的减持交易对海康威视的股价影响却不大。股市难以预测，常常会出现"有利好不一定涨，有利空也不一定跌"的情况。

说到市场不可预测，甚至出现报价离谱的情况，就要提到本杰明·格雷厄

第一章 价值投资三板斧

姆的"市场先生"概念。在《穷查理宝典》这本书中查理·芒格说道:格雷厄姆的理论最厉害的部分是"市场先生"的概念。格雷厄姆并不认为市场是有效的,他把市场当成一个每天都来找你的躁狂症患者。有时候,"市场先生"说:"你认为我的股票值多少?我愿意便宜卖给你。"有时候他会说:"你的股票想卖多少钱?我愿意出更高的价钱来买它。"所以你有机会决定是否要多买进一些股票,还是把手上持有的卖掉,或者什么也不做。在格雷厄姆看来,能够和一个永远给你这一系列选择的躁狂症患者做生意是很幸运的事情。作为格雷厄姆的衣钵传人,巴菲特也说过类似的话:"如果市场是有效的,那我只能沿街乞讨了。"

如果只看格雷厄姆和巴菲特的这些言论,似乎微观经济学的市场有效理论是完全错的。事实上市场也不是完全失效的,在大多数情况下,市场是有效的。普通投资者千万不要总是觉得自己一定比市场聪明,总是觉得市场一定是错的。要知道格雷厄姆和巴菲特跟你的水平可不一样,一个是华尔街教父,一个是伯克希尔·哈撒韦公司董事长,他们可以看出市场哪里犯了错,而你不一定能。

在2021年集采政策的影响下,市场给予创新药和CXO板块的估值都比较低。以创新药龙头恒瑞医药为例,2021年恒瑞医药从年初最高价97.17元下跌至最低价44.33元,已经是"膝盖斩"了。市场在不停地卖出恒瑞医药的股票也是有原因的,恒瑞医药2021年业绩也是因为集采影响下滑比较严重,营收同比下降超过6%,归母净利润和扣非净利润同比下降将近30%。

	2021年	2020年	同比增减
ROE	13.96%	22.51%	−37.98%
营业收入(亿元)	259.06	277.35	−6.59%
归母净利润(亿元)	45.30	63.28	−28.41%
扣非净利润(亿元)	42.01	59.61	−29.53%
经营现金流(亿元)	42.19	34.32	22.93%

来源:恒瑞医药年度报告

CXO板块可以拿药明康德举例。药明康德A股2021年从最高价169.41元下跌至最低价97.75元,将近腰斩。药明康德H股2021年从最高价192.75港元

价值投资要义

下跌至最低价110.70港元,也是将近腰斩。药明康德因为商业模式是"卖水人"的原因,业绩依旧比较坚挺,2021年营收同比增加超过38%,归母净利润和扣非净利润同比增加超过70%,经营现金流同比增加将近15%。

	2021年	2020年	同比增减
ROE(%)	14.05	12.91	8.83%
营业收入(亿元)	229.02	165.35	38.50%
归母净利润(亿元)	50.97	29.60	72.19%
扣非净利润(亿元)	40.64	23.85	70.38%
经营现金流(亿元)	45.89	39.74	15.49%

来源:药明康德年度报告

虽然药明康德的业绩依旧很亮眼,但市场担心集采政策会降低创新药公司对医药研发外包的投入,所以药明康德股价在2021年几乎都处于下跌趋势。

在相关政策和中概股退市影响下,腾讯控股和阿里巴巴的股价一蹶不振。腾讯控股港股在2021年从最高价747.14港元一路下跌到最低价398.20港元,接近"腰斩"。阿里巴巴港股在2021年从最高价270.00港元不断下跌到最低价109.20港元,股价是"膝盖斩"。市场担忧中概互联也是有一定道理的,毕竟中概股强制退市相当于给公司戴上了"ST"的帽子。

在"房住不炒"的政策下,市场也把房地产龙头万科A股和H股"按在地上摩擦"。万科A股在2021年从最高价32.72元下跌到最低价17.52元,H股在2021年从最高价32.86港元下跌到最低价16.84港元。当然万科的业绩也确实不如人意,其2021年归母净利润同比下降45.75%,扣非净利润同比下降44.38%,经营现金流同比下降92.27%。

	2021年	2020年	同比增减
ROE	9.78%	20.13%	−51.42%
营业收入(亿元)	4527.98	4191.12	8.04%
归母净利润(亿元)	225.24	415.16	−45.75%
扣非净利润(亿元)	223.82	402.38	−44.38%
经营现金流(亿元)	41.13	531.88	−92.27%

来源:万科A年度报告

第一章 价值投资三板斧

市场有它的逻辑，所以市场在大多数情况下是有效的，不会完全失效。然而市场并不总是有效的，无论是机构还是散户，市场交易的背后是人性，所以市场也有其疯狂的一面，在 A 股短短 4 个小时的交易时长里会出现天地板和地天板的情况。不仅如此，无论是多么优秀的公司都挨过市场的"毒打"，贵州茅台、五粮液、腾讯控股、恒瑞医药、招商银行等都在一日之内出现过大跌，甚至出现跌停的情况。

既然市场会犯错，我们投资者就要利用这一点。当"市场失生"犯错的时候，市场的报价和公司的价值就会出现偏离，当市场报价低于公司价值的时候，就是我们投资者出手的时候。市场的报价很容易就能看得出来，只要看每个交易日公司的市值就可以，比较难的就是评估一家公司的价值。

投资者如何评估一家公司的价值呢？投资者要买入的这家公司值多少钱呢？

格雷厄姆通过公司的财报来评估一家公司值多少钱。财报反映的是公司的账面价值，是公司让会计事务所呈现出来的样子。投资者可以通过公司披露的资产负债表、利润表和现金流量表去判断一家公司值多少钱。

在 A 股里，中文传媒就是一家账面价值低于市场价值的公司。截至 2022 年 6 月 17 日，中文传媒的市值约为 133.1 亿元，而其在 2022 年一季报披露公司账上的货币资金约为 164.17 亿元、交易性金融资产约为 13.09 亿元。在不考虑应收账款、应收票据、存货、固定资产等其他资产的情况下，公司的账面价值已经大于市值了。

在 B 股里，鲁泰 B 也是一家账面价值低于市场价值的公司。截至 2022 年 6 月 17 日，鲁泰 B 的市值约为 34.72 亿元，但是其 2022 年一季报披露，公司账上的货币资金为 18.23 亿元、固定资产为 54.86 亿元，仅仅这两项就已经超过公司市值了。

不过格雷厄姆的要求还要苛刻一些。1924 年，格雷厄姆在《价廉物美却乏人问津的股票》中论述了如何投资烟蒂股，格雷厄姆只买股价低于净有形资产三分之二的股票，甚至只买股价低于净营运资产三分之二的股票。其中，净有形资产 = 总资产 – 总负债 – 无形资产 – 商誉、净营运资产 = 总资产 – 总负债 – 无形资产 – 商誉 – 固定资产。如果一家公司账面价值为 1 元钱，格雷厄姆喜欢

价值投资要义

用4毛钱去买。格雷厄姆评估一家公司的价值主要依赖于三张表里的资产负债表，他买入的公司往往是那种经营不景气的烂公司，利润表上利润几乎不增长或者同比下降，所以格雷厄姆比较看重市净率。

市净率（PB）=每股价格（P）÷每股净资产（BV）=市值÷净资产，市净率越低往往说明公司估值越低。截至2022年7月6日，中文传媒、鲁泰B、贵州茅台、腾讯控股的市净率如下表所示。

公司名称	日期	市净率
中文传媒	20220706	0.76
鲁泰B	20220706	0.41
贵州茅台	20220706	12.16
腾讯控股	20220706	3.67

如果仅从市净率这一指标来看，中文传媒和鲁泰B是低估的，贵州茅台和腾讯控股则相对高估一些，所以按照格雷厄姆的选股法则，格雷厄姆会排除贵州茅台和腾讯控股，选择中文传媒和鲁泰B。

需要注意的是，银行、保险、证券、地产等行业是不能看账面价值的。因为高杠杆的原因，这些行业的估值是要打折的。截至2022年7月6日，工商银行A股市值约为1.70万亿元，而根据工商银行2022年一季报，公司账上的现金及存放中央银行款项约为3.51万亿元，仅这一项就高于公司市值，但是银行是经营风险的，一个很小的错误都会被放大，所以我们投资的时候需要打折处理。

然而，一家公司的价值仅仅通过账面价值就能计算出来吗？为什么中文传媒和鲁泰B市净率比较低，但是股价上涨却没有贵州茅台和腾讯控股多呢？很多公司的价值是不体现在账面上的。可口可乐和贵州茅台的品牌价值也是不菲的，云南白药和片仔癀是国家绝密级配方，海康威视具有安防行业里堪称最强的研发能力。如果有一家账面价值和贵州茅台相同的企业X，你会选择贵州茅台还是选择企业X呢？如果有一家账面价值和海康威视相同的企业Y，你会选择海康威视还是选择企业Y呢？

其实格雷厄姆定量分析账面价值主要是分析企业的清算价值，然而我们购

第一章 价值投资三板斧

买一家企业的股票不是为了等着它破产清算的，优质的公司是会随着时间慢慢成长的，比方说贵州茅台、五粮液、腾讯控股、恒瑞医药等公司。我们不是价格投资，而是价值投资。我们是希望长期持有一家公司的股权并赚公司成长的钱，所以公司的价值不能仅仅用账面价值来衡量，公司的质量也很重要，投资者在估值的时候可以以账面价值作为辅助。

比起账面价值，投资者更应该关心的应该是企业的内在价值，因为内在价值是与公司长期股价走势直接挂钩的。那么如何评估一家公司的内在价值呢？不少投资书籍给出好几种评估内在价值的方法，意义实在不大。目前市场普遍采用的就两种，一种是相对估值法，另一种是绝对估值法。

相对估值法指利用市盈率、市净率、市销率等指标与目标公司所在行业质地差不多的公司去对比以估算目标公司的价值。比方说，要判断贵州茅台的内在价值，我们可以找高端白酒企业五粮液、泸州老窖和次高端白酒企业山西汾酒、洋河股份、古井贡酒、今世缘等去比较，而虽然都是白酒企业，中低端的金种子酒、老白干酒则不能作为和贵州茅台比较的对象，因为公司质地相差太多。

最常见的相对估值法是市盈率相对估值法。市盈率（PE）= 每股价格（P）÷ 每股收益（EPS）= 市值 ÷ 净利润。一般来说，市盈率比较低的股票说明市场给予的估值比较低，而市盈率比较高的股票说明市场给予的估值比较高。

我们也可以通过市盈率来判断整个A股市场是高还是低。可以将上证指数、深证成指等指数看作一家公司，通过计算指数里所有上市公司的总市值与总净利润的比值，得出上证指数、深证成指等指数的市盈率。截至2022年7月6日，上证指数市盈率为13.09倍，深证成指市盈率为28.74倍，创业板指市盈率为56.39倍，这说明创业板的公司估值相对高一些。

我们将贵州茅台和可比公司的市盈率列表如下，其中营业收入和归母净利润取2021年年度报告数据。

公司名称	日期	市值	市盈率	营业收入	归母净利润
贵州茅台	20220706	2.51万亿	45.11	1094.64亿	524.60亿
五粮液	20220706	7559.04亿	30.39	662.09亿	233.77亿
泸州老窖	20220706	3463.30亿	39.97	206.42亿	79.56亿

价值投资要义

续表

公司名称	日期	市值	市盈率	营业收入	归母净利润
山西汾酒	20220706	3638.26亿	53.18	199.71亿	53.14亿
洋河股份	20220706	2708.51亿	31.38	253.50亿	75.08亿
古井贡酒	20220706	1238.56亿	47.97	132.70亿	22.98亿
今世缘	20220706	590.37亿	26.52	64.08亿	20.29亿

来源：公司年度报告

贵州茅台的可比公司五粮液、泸州老窖、山西汾酒、洋河股份、古井贡酒、今世缘的平均市盈率为（30.39+39.97+53.18+31.38+47.97+26.52）÷6=38.235倍，而贵州茅台的市盈率为45.11倍，所以贵州茅台的估值相对高一些。

市净率、市销率等相对估值法同理。

相对估值法虽然简单，但是有其局限性。首先就是我们不可能找到完全相同的两家公司。贵州茅台和五粮液、泸州老窖等公司相比毕竟还是有区别的，茅台酒是酱香型，而五粮液和泸州老窖是浓香型。海康威视和大华股份虽然业务基本相同，都属于安防行业，但是海康威视是安防行业龙头，规模大、研发能力强。这些差异往往会导致估值的不准确，所以市场愿意给予贵州茅台的估值高于五粮液，给予海康威视的估值高于大华股份，给予上海机场的估值高于白云机场。

其次，相对估值法很难应用于新行业新公司，传统行业由于发展时间较长，行业格局比较清晰并且难以改变，所以传统行业在估值时有很多可比公司作为选择标的，而新兴行业因为还是竞争型市场，行业格局不稳定、不清晰，也没有明确的壁垒，很难找到可比公司。白酒行业属于传统消费行业，贵州茅台、五粮液、泸州老窖等公司都不是一天两天建成的，所以用相对估值法可以找到可比公司。

最后一点就是市场和行业会出现整体高估或者低估，仅仅使用相对估值法可能还是会买在高点，无法算出公司的绝对价值。2007年、2015年和2020年牛市市场出现整体高估的情况，而2008年、2013年、2014年、2016年和2018年熊市市场出现整体低估的情况，我们需要参考上证指数、行业、公司历史市

第一章 价值投资三板斧

盈率的走势去判断。根据白酒行业近十年的历史市盈率，2022 年 7 月 6 日的白酒行业是偏高估的。银行、保险、地产、煤炭、化工等周期性行业的市盈率常年都是比较低的。截至 2022 年 7 月 6 日，工商银行 A 股的市盈率为 4.82 倍，招商银行 A 股的市盈率为 8.10 倍，中国平安 A 股的市盈率为 8.82 倍，万科 A 股的市盈率为 9.99 倍。市场常年给予医药行业和 TMT 行业比较高的估值。

由于相对估值法具有上述局限性，我个人更偏爱第二种估值方法：绝对估值法。买公司就是买公司的未来现金流折现。绝对估值法指将公司未来现金流折现并加总以得出公司的内在价值。绝对估值法是对一家企业价值评估的最终答案。

绝对估值法应用最广的是自由现金流折现法。要掌握自由现金流折现法只需要弄懂两样东西，一个是折现，另一个是自由现金流。

折现指将时点处的资金的时值折算为现值的过程。资金是有时间价值的，今天的 100 元和明天的 100 元价值是不一样的。由于通货膨胀，钱是会贬值的。今年的 100 元可以买 100 个苹果，到了明年只能买 90 个。如果今年将 100 元购买某银行年化收益率 5% 的理财产品，那么明年就可以得到 105 元，以此类推，后年就可以得到 $100 \times 1.05^2 = 110.25$ 元。那么我们可以简单地认为今年的 100 元和明年的 105 元价值是等同的，今年的 100 元等于后年的 110.25 元。

说完折现，接着说自由现金流。顾名思义，自由现金流指企业可以自由支配的现金，是企业产生的在满足了再投资需要之后剩余的现金流量。自由现金流 = 净利润 + 折旧及摊销 − 资本支出 − 营运资本增加。虽然这里给出了自由现金流的计算公式，但是凭借上市公司财报里的信息是无法精确计算的，我们投资者更多地是需要定性分析。

以贵州茅台为例。我们取折现率为 10%，用自由现金流折现法来计算贵州茅台的内在价值，由于贵州茅台的商业模式比较好，每年的净利润不需要太多的资本支出，所以我们可以将贵州茅台的净利润看作自由现金流。贵州茅台 2021 年归母净利润约为 525 亿元，我们需要将贵州茅台接下来每年的自由现金流计算出来，然后按年份折现并加总以得出贵州茅台的内在价值。但由于时间是无限的，我们只需计算出贵州茅台未来十年的自由现金流。假设贵州茅台未来十年自由现金流每年增长 15%，对于十年以后的部分，我们以 5% 的永续增

价值投资要义

长率去估算永续价值，根据戈登模型，永续价值 = 自由现金流 ÷（折现率 – 永续增长率），最后加总即可。

年份	自由现金流（亿元）	增长率	折现率	自由现金流现值（亿元）
2022	525×1.15=603.75	15%	10%	603.75÷1.1≈548.86
2023	525×1.15^2≈694.31	15%	10%	694.31÷1.1^2≈573.81
2024	525×1.15^3≈798.46	15%	10%	798.46÷1.1^3≈599.89
2025	525×1.15^4≈918.23	15%	10%	918.23÷1.1^4≈627.16
2026	525×1.15^5≈1055.96	15%	10%	1055.96÷1.1^5≈655.67
2027	525×1.15^6≈1214.36	15%	10%	1214.36÷1.1^6≈685.47
2028	525×1.15^7≈1396.51	15%	10%	1396.51÷1.1^7≈716.63
2029	525×1.15^8≈1605.99	15%	10%	1605.99÷1.1^8≈749.21
2030	525×1.15^9≈1846.89	15%	10%	1846.89÷1.1^9≈783.26
2031	525×1.15^{10}≈2123.92	15%	10%	2123.92÷1.1^{10}≈818.86
2031以后	2123.92×(1+0.05)÷(0.1–0.05)≈44602.32	5%	10%	44602.32÷1.1^{11}≈15632.84
合计	56860.70			22391.66

其中，自由现金流和自由现金流现值结果保留两位小数。以未来十年自由现金流每年增长15%和折现率10%计算，贵州茅台未来现金流折现值约为22391.66亿元，而截至2022年7月7日收盘，贵州茅台市值约为2.50万亿元，略高于算出来的内在价值，是有一点点高估的。

我们可以将贵州茅台的买点设为22391.66亿元，在接近或者低于这个买点的时候，我们可以买入贵州茅台。为什么说是接近或者低于这个买点呢？因为市场不一定按照投资者的想法走，如果一直等待着贵州茅台的市值低于买点，说不定得等个好几年。而贵州茅台的股权资产是优于现金的，所以比起持有现金傻傻等待，不如在贵州茅台市值接近买点的时候买入。

这样算出来的贵州茅台的价值一定很准确吗？不一定。因为贵州茅台每年的增长率不一定达到15%，每个企业都有成长期和衰退期，而且贵州茅台不一定能实现永续增长，企业跟人一样是有寿命的，存活超过百年的企业寥寥无几。

第一章 价值投资三板斧

一般来说,消费、医药、能源行业的企业往往存活时间比较长,因为这些行业涉及到人们最基本的需求。

不仅如此,我们稍微改变一下增长率和折现率,将增长率调整到10%,折现率调整到8%,再来看看贵州茅台的估值。

年份	自由现金流(亿元)	增长率	折现率	自由现金流现值(亿元)
2022	$525 \times 1.1 = 577.5$	10%	8%	$577.5 \div 1.08 \approx 534.72$
2023	$525 \times 1.1^2 = 635.25$	10%	8%	$635.25 \div 1.08^2 \approx 544.62$
2024	$525 \times 1.1^3 \approx 698.78$	10%	8%	$698.78 \div 1.08^3 \approx 554.71$
2025	$525 \times 1.1^4 \approx 768.65$	10%	8%	$768.65 \div 1.08^4 \approx 564.98$
2026	$525 \times 1.1^5 \approx 845.52$	10%	8%	$845.52 \div 1.08^5 \approx 575.45$
2027	$525 \times 1.1^6 \approx 930.07$	10%	8%	$930.07 \div 1.08^6 \approx 586.10$
2028	$525 \times 1.1^7 \approx 1023.08$	10%	8%	$1023.08 \div 1.08^7 \approx 596.96$
2029	$525 \times 1.1^8 \approx 1125.38$	10%	8%	$1125.38 \div 1.08^8 \approx 608.01$
2030	$525 \times 1.1^9 \approx 1237.92$	10%	8%	$1237.92 \div 1.08^9 \approx 619.27$
2031	$525 \times 1.1^{10} \approx 1361.71$	10%	8%	$1361.71 \div 1.08^{10} \approx 630.74$
2031以后	$1,361.71 \times (1+0.05) \div (0.08-0.05) \approx 47659.85$	5%	8%	$47659.85 \div 1.08^{11} \approx 20440.49$
合计	56863.71			26256.05

如果增长率为10%,折现率为8%,通过计算可得,贵州茅台未来现金流折现值约为26256.05亿元。我们稍微调整增长率、永续增长率和折现率,企业的估值就会发生变化,这就陷入了芒格所说的"模糊的精确"当中。前后结果算出来不同,但是我们没有办法说哪一个结果更准确,这就是自由现金流折现的难点所在。影响企业的增长因素实在太多了,大到政治、经济、环境,小到产品、消费者。我们不可能准确预测出企业未来的利润增长率,一家企业的董事长都不清楚企业未来十年的利润增长率,更何况是投资者。我们根据估值计算,买在相对便宜的时刻即可,事实上如果对企业足够了解,要看出每天市场对企业的报价是否便宜是显而易见的。芒格说过:"我从来没见过巴菲特用计算器算过现金流折现公式。"

价值投资要义

我们第一次估值给予了贵州茅台 15% 的增长率，第二次给予了 10% 的增长率，这是参考贵州茅台 2017—2021 年的归母净利润增长率而估算的。贵州茅台 2017—2021 年的归母净利润增长率相对来说还比较高，而有些企业归母净利润增长率并没有那么高，比方说云南白药、工商银行。下表给出了贵州茅台、云南白药、工商银行 2017—2021 年的归母净利润增长率。

贵州茅台					
年份	2017	2018	2019	2020	2021
归母净利润（亿元）	270.79	352.04	412.06	466.97	524.60
同比增减	61.97%	30.00%	17.05%	13.33%	12.34%
云南白药					
年份	2017	2018	2019	2020	2021
归母净利润（亿元）	31.45	34.94	41.84	55.16	28.04
同比增减	7.71%	11.09%	19.75%	31.85%	−49.17%
工商银行					
年份	2017	2018	2019	2020	2021
归母净利润（亿元）	2860.49	2976.76	3122.24	3159.06	3483.38
同比增减	2.80%	4.06%	4.89%	1.18%	10.27%

来源：公司年度报告

当企业增长率比较高，比方说增长率 15%，大于折现率的时候，我们计算出的估值往往会高一些；当企业增长率比较低，比方说增长率 5%，小于折现率的时候，我们计算出的估值往往会低一些；当企业是负增长的时候，估值就更低了，我们需要用一个非常便宜的价格买入才行。这边没有具体计算贵州茅台增长率小于折现率的情况，因为没有这个必要。当本人发现企业的增长率低于折现率的时候，会直接排除这家企业，估值没有意义。

不同行业不同企业的现金流折现值因为商业模式的不同得出来的结果是不一样的，贵州茅台每年的净利润是不需要太多的资本支出的，但大多数企业的商业模式是不如贵州茅台的，所以很多企业不能直接将归母净利润直接当作自由现金流。比方说海康威视和大华股份，海康威视和大华股份净利润含金量不

第一章 价值投资三板斧

高,销售回款能力比较弱,前三季度经营性现金流为负,现金流回款集中在第四季度。

不光是海康威视和大华股份所在的安防行业,软件行业也是如此。恒生电子、宇信科技等公司有着相同的特征,前三季度经营性现金流为负,第四季度现金流为正。对于这样净利润含金量不高的企业估值需要打折处理。

高杠杆行业的估值也是需要打折的,银行保险地产证券等高杠杆行业都是经营风险的,一个微小的错误都有可能被放得很大。

无论是相对估值法还是绝对估值法,我们可以看出,估值的核心是企业的净利润,然而上市公司的利润表是最容易被粉饰的一张表,所以说估值应该放在最后一步。我们需要先通过公司的年度报告看一家公司的商业模式,看看自己是不是可以读懂这家公司,然后判断净利润是否为真、净利润是否可持续和净利润含金量高不高,最后再评估一家企业的内在价值。每个人都是有能力圈的,大多数企业是你看不懂的,估值是最后一步,其前提是你看懂了这家公司。巴菲特1998年在佛罗里达大学演讲时说道:"我喜欢我能看懂的生意。先从能不能看懂开始,我用这一条筛选,90%的公司都被过滤掉了。我不懂的东西很多,好在我懂的东西足够用了。世界如此之大,几乎所有公司都是公众持股的。所有的美国公司,随便挑。首先,有些东西明知道自己不懂,不懂的,不能做。"

我们经常可以看到一些公司财务报表造假,这就是净利润不为真的情况。净利润不可持续的例子也有很多,比方说城镇化进入尾声以后和"房住不炒"政策的出台导致房地产行业不景气,那么万科等房地产企业和格力电器等大型家电企业之前的净利润在未来几年不可持续。

计算出内在价值后,考虑到估值是"模糊的精确",买点是一个区间,而不是一个点,不是说非要到了买点才能买入,在接近买点和在买点以下的时候都是可以买入的。正是因为买点是一个区间,所以投资者一定不可避免地犯第一个"错误":不可能买在最低点。事实上正因为市场是不可预测的,所以投资者几乎不可能买在最低点。投资者买在最低点跟中彩票的概率差不多。2020年全球新冠疫情暴发,上证指数最低下跌到了2646.80点,投资者能买在2900点左右就很不错了。2022年俄乌冲突和国内疫情导致上证指数最低下跌到2863.65点,投资者能在3100点附近建仓就很已经幸运了。

价值投资要义

第二板斧　合理估值持有

低估买入以后股价一定会涨吗？不少投资者一定听过：长期来看，好公司的股价是会涨的。格雷厄姆确实说过这样一句话："市场短期是投票机，长期是称重机。"本杰明·格雷厄姆觉得市场最终会使公司的股价回归于价值。沃伦·巴菲特在1969年致股东的信中也写道：市场的价值会围绕内含价值出现很大的波动，但长期而言，公司的内含价值终将在某个时刻被市场价值正确地反映出来。

在《巴菲特的投资组合》这本书中，罗伯特·哈格斯特朗利用由1200家公司构成的实验室投资组合可以得出一个结论：如果时间足够长的话，股价和利润呈现出正相关性。如果持股3年，股价和利润的相关系数为0.131~0.360（0.360的相关系数意味着36%的价格变动可以由利润的变动来解释）；如果持股5年，股价和利润的相关系数为0.374~0.599；如果持股10年，股价和利润的相关系数为0.593~0.695；如果持股18年，股价和利润的相关系数为0.688。

持股时间	股价和利润相关系数
3年	0.131~0.360
5年	0.374~0.599
10年	0.593~0.695
18年	0.688

来源：《巴菲特的投资组合》，罗伯特·哈格斯特朗

贵州茅台、五粮液、腾讯控股、恒瑞医药等公司的股价从长期来看确实给予了股东不错的回报，但是也有不少公司的股价一直处于低估状态。持股18年，股价和利润的相关系数也只有0.688，并没有很多价值投资者们想象中的那么高。不少价值投资者喜欢拿着一堆低市盈率、低市净率的银行、保险、地产

第一章 价值投资三板斧

等行业的股票，期望着价值回归，但是收益率却不太理想。

事实上，巴菲特早期做烟蒂股投资的时候也遇到过价值陷阱导致价值不回归的情况。伯克希尔的纺织业务经营越来越困难，拖了巴菲特合伙公司的业绩后腿，让巴菲特认为当初冲动收购伯克希尔是一个错误。巴菲特的导师格雷厄姆在投资烟蒂股的时候有一类手法叫控制类投资：如果买入以后公司股价不涨，就持续买入这家公司的股份直到可以控制这家公司为止，控制以后可以通过分红、更换管理层、回购等操作来获利。可是大多数普通投资者并没有足够的资金去成为一家公司的控股股东，只能默默忍受着浮亏或者亏损退出，所以控制类投资对于普通投资者来说没有什么意义。不只是烟蒂股，一些成长股上升周期迎来长期拐点以后价值回归的概率也不大，估值表面上看上去很便宜，实际上是价值陷阱。

要是股票低估之后股价就一定会涨，那么在股市里赚钱就不会那么难了，事实上低估不一定涨，高估也不一定跌。工商银行A股的股价这几年一直在4~6元徘徊；海螺水泥近十年的市盈率从来没有超过20倍；中文传媒从2015年牛市高点下跌以后股价就一蹶不振；福耀玻璃A股常年市盈率也没有超过30倍，近两年赶上了新能源汽车赛道才让它的市盈率突破50倍。

那么哪些公司的股价会价值回归呢？市场会再次青睐哪些公司呢？问题的答案还是要回归到内在价值的定义。前文说过：内在价值是与公司长期股价走势直接挂钩的，内在价值的计算最主要的因素就是未来的利润增长率。如果市场认为一家企业未来的利润增长率比较高，那么给予企业的估值就比较高。相反，有任何原因导致市场认为一家企业未来的利润增长率比较低，那么给予企业的估值就比较低，这个原因包括利空的行业政策、下行的经济环境、产品研发不及预期等。

不少投机者买入短期热门赛道股也是这个原因，虽然一家公司的历史表现不佳，但是他们判断公司未来的利润增长率比较高，尽管这是非常难以预测的。一家公司今年是几百倍的市盈率，如果保持几倍速的增长，明年就只有几十倍的市盈率，站在明年看今年，买得还很便宜。最近比较火的新能源汽车就是这样的道理，市场给予了整个产业链比较高的估值，因为市场相信这个赛道未来成长率高。宁德时代就是一个很好的例子，相比于2020年，2021年宁德时代的营收、归母净利润、扣非净利润、经营现金流都实现了非常高的增长，宁德时

价值投资要义

代的市盈率也从一百多倍降到了几十倍。

	2021 年	2020 年	同比增减
ROE（%）	21.52	11.27	90.95%
营业收入（亿元）	1303.56	503.19	159.06%
归母净利润（亿元）	159.31	55.83	185.34%
扣非净利润（亿元）	134.42	42.65	215.20%
经营现金流（亿元）	429.08	184.30	132.82%

来源：宁德时代年度报告

对于这些热门赛道股，我个人是选择放弃的，本人不太喜欢参与市场炒作的股票，这些股票的市盈率动辄大几十上百倍，截至 2022 年 8 月 12 日，宁德时代的市盈率 79.20 倍，本人也从来没有见过巴菲特重仓过几百倍市盈率的股票。

不少投资者喜欢低估买入。如果想要低估买入的公司上涨的话，判断公司未来的利润增长率是核心，如果市场判断错了，而投资者判断对了，投资者就会有一个不错的收益率，所以我们低估买入一定要买有前景的公司或者利空影响是暂时的公司。

那么买入大概率会价值回归的公司以后股价就不下跌了吗？也不一定。根据经验，低估买入以后浮亏是常态。市场不会按照投资者的想法走。如果投资者在 1500 元建仓贵州茅台，那么贵州茅台跌到 1000 元很正常。如果投资者在沪深 300 是 15 倍 PE 的时候满仓，沪深 300 继续下跌至 10 倍 PE 也是很正常的事。公司估值在低估以后股价继续下跌应对方法很简单，继续使用第一板斧，如果投资者有闲钱的话继续投入即可，如果满仓了就当没看见即可。

当然，股价也会出现投资者在买入以后就上涨的情况，但是上涨了就一定要卖出吗？事实上大多数时候市场给予企业的估值都是在合理估值状态的，这个时候就需要用到第二板斧：合理估值持有。

第二板斧要做的事情是非常少的，实际上大多数时间是不需要投资者做什么的，这也是投资的本质：让钱为人工作，然而第二板斧是最难学的。第二板斧涉及的不是技巧，而是心态。由于人性是缺乏耐心的，投资者发现自己浮盈以后等不及卖出是常态。落袋为安的根本原因是投资者的股权思维还没有印在

第一章　价值投资三板斧

骨子里。巴菲特说过:"投资是为了在未来更有能力消费而放弃今天的消费。"投资是资产之间的比较,投资者应该将钱放在回报率相对较高的资产上面,现金是受到通货膨胀侵蚀的,所以我们需要将现金放在可以抵御通货膨胀的资产上面。在美国教授杰里米·西格尔的《股市长线法宝》一书中比较了股票、长期国债、短期国债、黄金、美元在1802—2012年的年化收益率,如下表所示。

资产类别	年化收益率(%)
股票	8.1
长期国债	5.1
短期国债	4.2
黄金	2.1
美元	1.4

来源:《股市长线法宝》(杰里米·西格尔)

在这200多年里面,美国股票资产的收益率是高于其他金融资产的。那么这个结论在中国有没有什么变化呢?中国老百姓的刻板印象是一线城市的房价在过去十几年回报率比较高,而忽略了股市。2003年,房地产被确立为国民经济支柱产业,直到"房住不炒"政策出台之前,一线城市的房价一直呈现上涨态势。兴业证券经济与金融研究院在《中国资产回报率,股票领跑》这篇文章中分别选取了2005年1月至2020年12月中证全指净收益指数、中债总财富指数、国家统计局房价数据及以人民币计价的黄金作为四类资产股票、债券、房地产、黄金的代表,来比较四类资产的回报率,回报率由高到低依次为:股票＞上海房价＞全国房价＞黄金＞债券,其中股票年化收益率为6.74%,上海房价年化收益率为6.05%,全国房价年化收益率为3.78%,黄金年化收益率为1.92%,债券年化收益率为1.54%。

从2005年至2020年,A股名义年化收益率为13.57%,实际年化收益率为10.37%,全市场回报最高;上海房价作为全国房价的代表,名义年化收益率为12.75%,实际年化收益率为10.15%。股票市场的收益率其实很高,只是股票的波动比较大,所以投资者长期持有一只股票比较难,也就是大多数投资者没有做到第二板斧:合理估值持有,而投资者长期持有一套房子却是比较容易的,

价值投资要义

房地产流动性差得多并且投资者买房以后也不会天天盯着房价看。不仅如此，面对浮躁的股票市场时，投资者往往觉得进来一年内不抓几个十倍股把资产翻个几倍就算白来一趟了，所以买卖股票十分频繁。亚马逊创始人贝索斯曾经问过巴菲特："你的投资理念可以说十分简单，可为什么大家不愿意复制你的做法呢？"巴菲特说："因为很少有人愿意慢慢变富。"

巴菲特从1988年开始买入可口可乐至今并重仓持有34年，盈利将近20倍。巴菲特自身经营的伯克希尔·哈撒韦也是长期持有股权并慢慢变富很好的例子。巴菲特于1962年买入第一笔伯克希尔的股票价格为7.6美元，后来取得控制权并成为公司的董事长，不断收购优质公司的股权，截至2022年8月，伯克希尔·哈撒韦A股约44万美元，这将近60年来股价翻了约6万倍。反观A股，截至2021年年底，贵州茅台复权后价格约12000元，而贵州茅台是2001年8月27日上市的，发行价为31.39元，上市以来上涨约四百倍。

站在现在看过去，如果持有伯克希尔·哈撒韦A股34年（BRK.A于1988年11月29日上市），持有贵州茅台20年，那么收益必然是丰厚的，可惜持有至今的股东却少之又少。一方面是因为投资者浮盈以后急着落袋为安，另一方面是投资者心里无法承受大幅的回测，伯克希尔·哈撒韦A股在1971年至1975年这四年中跌了一半左右，贵州茅台在2013年、2014年被市场抛弃，这两只股票还都经历了2008年的金融危机、2020年的新冠疫情等大大小小利空事件带来的冲击。

物质决定意识，合理估值持有的必要条件是投资者不融资不加杠杆，因为加杠杆后人的心态是不一样的，杠杆利率高并且有强制平仓机制。巴菲特也用杠杆，但巴菲特的伯克希尔·哈撒韦利用低利率的浮存金做投资，这点是跟普通投资者的杠杆完全不一样的。

那么合理估值持有意味着投资者什么事情都不用做吗？也不是。首先，考虑到A股"熊长牛短"的特性和低估买入以后依旧有一定的下跌概率，投资者需要做好仓位管理。仓位管理跟打德州扑克很像，需要根据市场行情做出判断，建仓慢慢地建，买一只股票慢慢地买，越跌越买，摊低成本。

我们可以参考一下查理·芒格建仓阿里巴巴的案例。除了担任伯克希尔·哈撒韦的副董事长以外，查理·芒格还是每日期刊公司（Daily Journal）的董事长，并在2021年年初通过每日期刊公司建仓阿里巴巴。在反垄断政策和中概股退市的

第一章 价值投资三板斧

双重打击下,整个2021年阿里巴巴美股和港股处于下跌趋势中,而97岁高龄的查理·芒格建仓也不是一次性将子弹打完的,而是分批买入,越跌越买。

2021年第一季度,阿里巴巴美股最高价为274.29美元,最低价为220.09美元,查理·芒格开始建仓,买入165320股。

2021年第二季度,阿里巴巴美股最高价为245.69美元,最低价为204.39美元,第二季度股价波动很小,查理·芒格选择按兵不动,不买不卖。

2021年第三季度,阿里巴巴美股最高价为228.85美元,最低价为144.44美元,第三季度股价大跌,查理·芒格继续建仓,买入136740股。

2021年第四季度,阿里巴巴美股最高价为182.09美元,最低价为108.7美元,第四季度股价依旧下跌,查理·芒格于第四季度买入阿里巴巴美股最多,买入30万股。

截至2021年年底,查理·芒格第一季度买入的阿里巴巴美股浮亏50%左右,第三季度买入的阿里巴巴美股浮亏30%左右,第四季度买入的阿里巴巴美股浮亏10%左右,比起一次性建仓,芒格越跌越买并于第四季度阿里巴巴股价最低时买入最多,摊低了建仓成本。

季度	最高价	最低价	买入股数	买入收益率
第一季度	274.29	220.09	165320	-50%
第二季度	245.69	204.39	—	—
第三季度	228.85	144.44	136740	-30%
第四季度	182.09	108.7	300000	-10%

公司股价低估一定是有原因的,可能是金融危机,可能是利空政策,可能是产品推广不及预期,此时股价继续下跌是常态,买入以后一直涨反而不太正常,我们不仅需要经得住浮亏,也要经得住浮盈,这样才能赚得到钱。彼得·林奇曾经说过:"我赚最多钱的股票,常常从18元跌到8元,然后再涨到40元。"可惜大多数人是从18元跌到8元守得住寂寞,然后再涨到20元就小赚卖了。巴菲特在11岁的时候就早早地犯过这个错误,在1998年伯克希尔股东大会的时候,巴菲特说道:"当我11岁的时候,我在38美元的时候买了一些城市优先服务公司,然后它变成了200美元,但是我在40美元的时候卖掉了,所

价值投资要义

以抓住了我每股 2 美元的利润。"

还有一点需要注意的是建仓可以慢慢建但是不要空仓,有些投资者喜欢等待一个绝佳的机会买在最低点,从而长期持币待购。阿里巴巴美股 2021 年最低价为 108.7 美元,他们就想用 108.7 美元去买阿里巴巴。实际上,比起股权,现金的收益率为负的通货膨胀率,空仓持有现金等着抄底不是一项好的决策。不仅如此,比起浮亏,踏空的感觉让投资者更难受,市场有它自己的想法,如果股价没有跌到投资者的理想位置就涨上去了,投资者会更难受。

其次,投资者需要对买入并持有的公司跟踪评估,如果发现公司基本面发生变化导致不符合投资者的要求以后,及时卖出股票。除了一些显而易见的政治经济形势以外,投资者跟踪一家公司经营状况的渠道就是公司公告。上市公司会按证监会要求向社会公众披露公告,公告包括定期报告、分红派送、重大事项、增发配股等,其中季度报告、半年度报告、年度报告应该是公司披露的最重要的公告,它们直截了当地告诉了投资者公司的业绩是盈利还是亏损,利润和现金流是同比增加还是同比减少。年度报告披露的是最详细的,在年度报告里,管理层也会告诉投资者公司经营状况和未来战略发展,需要投资者反复阅读。除此以外,公司还会披露回购、解禁、减持等公告。

大多数短期业绩和无关紧要的"官样"公告对公司股价和基本面的影响并不大,需要投资者不停地跟踪经营状况的公司绝对不是一家好公司。投资一家公司以后,投资者没有必要天天盯着公司发布的公告和交易日的股价。如果买入一家公司以后投资者心神不宁,既担心股价上涨又害怕股价下跌,那么说明投资者对这家公司的基本面还是不够了解,可以先放弃买入这个决策。对于一家公司是否可以投资并长期持有,有一个非常好的判断方法,那就是睡眠质量,夜夜安枕说明投资者的决策问题不大。

我们先看几个对基本面影响不大的例子。

贵州茅台和蒙牛战略合作的茅台冰激凌于 2022 年 5 月 29 日正式开售,这对贵州茅台的基本面影响不大,有人觉得贵州茅台作为一家高端白酒企业,不应该盲目涉足与自己不相关的领域,即使涉足了也不能创造很高的利润。其实茅台冰激凌的尝试成功不成功在目前来看对贵州茅台的影响完全可以忽略,因为营收占比太少。根据贵州茅台最近披露的 2022 年半年度报告,整个上半年

第一章　价值投资三板斧

贵州茅台的酒店业务和茅台冰激凌业务合计营收才约 5362 万元，相对于主营业务来说完全可以忽略。

项目	2022H1		2021H1	
	收入（元）	成本（元）	收入（元）	成本（元）
主营业务	57563248883.90	4499393845.79	49009850075.04	4180857836.27
其他业务	53617763.39	47094000.31	77427720.97	51240472.07
合计	57616866647.29	4546487846.10	49087277796.01	4232098308.34

注：其他业务收入、成本主要是酒店业务及茅台冰激凌业务收入、成本
来源：贵州茅台 2022 年半年度报告

事实上贵州茅台曾经也斥资 2.4 亿元建立啤酒生产线，不过市场反响并不大，后来也就于 2014 年停产了。不仅如此，贵州茅台推出来的葡萄酒销量也不高。

2022 年 8 月 3 日，贵州茅台发布 2022 年半年度报告，除了经营现金流为负以外，营收、归母净利润、扣非净利润同比增长都在两位数。在国内疫情影响下，高端白酒消费场景缺失不少，贵州茅台还能交出这样的业绩报告，已经非常不错了。

	2022H1	2021H1	同比增减
ROE（％）	14.57	14.20	2.61%
营业收入（亿元）	594.44	507.22	17.20%
归母净利润（亿元）	297.94	246.54	20.85%
扣非净利润（亿元）	297.63	246.49	20.75%
经营现金流（亿元）	−0.11	217.19	−100.05%

来源：贵州茅台 2022 年半年度报告

这样的短期业绩是不影响贵州茅台的基本面的，至于市场如何反应则是市场的事情，季报、半年报、年报披露以后，公司股价可能大跌，也可能大涨，也可能横盘。半年度报告公布出来以后，2022 年 8 月 3 日至 2022 年 8 月 5 日，贵州茅台最高价为 1935.00 元，最低价为 1877.00 元，市场反响不大。

不过也有业绩超预期市场给予正向反馈的，次高端白酒企业古井贡酒就是

价值投资要义

如此。2022 年 7 月 30 日,古井贡酒披露 2022 年半年度业绩快报,归母净利润和扣非净利润同比增加 40% 左右,超出市场预期。2022 年 8 月 1 日,古井贡酒 A 股涨停,不过古井贡酒 B 股只是微涨。

	2022H1	2021H1	同比增减
ROE（%）	10.97	12.85	−1.88%
营业收入（亿元）	90.02	70.07	28.46%
营业利润（亿元）	26.62	18.77	41.83%
利润总额（亿元）	26.79	18.99	41.03%
归母净利润（亿元）	19.19	13.79	39.17%
扣非净利润（亿元）	18.89	13.38	41.15%

来源：古井贡酒 2022 年半年度业绩快报

我们再看几个基本面发生变化的例子。

新冠疫情使航空机场行业的基本面发生了质的变化。上海机场作为曾经的蓝筹股,其业绩在这几年都受到了不利影响,2020 年的净利润直接由盈转亏,2021 年营收和净利润继续同比下降。

	2020 年	同比增减	2021 年	同比增减
ROE（%）	−4.14	−124.79%	−6.03	−45.65%
营业收入（亿元）	43.03	−60.68%	37.28	−13.38%
归母净利润(亿元)	−12.67	−125.18%	−17.11	−35.08%
扣非净利润（亿元）	−13.82	−127.72%	−17.18	−24.33%
经营现金流（亿元）	−12.18	−124.93%	3.11	125.54%

来源：上海机场年度报告

除了业绩下滑以外,上海机场的"护城河"国际客流被疫情侵蚀,在非航空收入上也失去了和中国中免的议价权。2018 年 9 月 8 日,上海机场发布《上海国际机场股份有限公司关于签订特别重大合同的公告》,此合同会对上海机场 2019 年至 2025 年营业收入产生积极影响。合同规定上海机场的月实收费用采用月实际销售提成和月保底销售提成两者取高的模式,这是一份"下有保底,上

第一章 价值投资三板斧

无封顶"的合同。此时上海机场的经营状况正处于上升期,所以相当于中国中免的议价权也比较强。

合同期间	预计每年保底销售提成(亿元)
2019	35.25
2020	41.58
2021	45.59
2022	62.88
2023	68.59
2024	74.64
2025	81.48
合计	410

来源:《上海国际机场股份有限公司关于签订特别重大合同的公告》

疫情出现以后,2021年1月30日,上海机场发布《上海国际机场股份有限公司关于签订免税店项目经营权转让合同之补充协议的公告》,这份《补充协议》规定:若当月实际国际客流 ≤ 2019年月均实际国际客流 ×80%时,"月实收费用"按照"月实际销售提成"收取;若当月实际国际客流 > 2019年月均实际国际客流 ×80%时,"月实收费用"按照"月保底销售提成"收取。《补充协议》是一份"下无保底,上有封顶"的合同,体现出了上海机场受疫情影响以后议价权的丧失。

年度	年实际国际客流 X (单位:万人次)	年保底销售提成 (单位:亿元)
2019	X ≤ 4172	35.25
2020	4172 < X ≤ 4404	41.58
2021	4404 < X ≤ 4636	45.59
2022	4636 < X ≤ 4868	62.88
2023	4868 < X ≤ 5100	68.59
2024	5100 < X ≤ 5360	74.64
2025	5360 < X	81.48

来源:《上海国际机场股份有限公司关于签订免税店项目经营权转让合同之补充协议的公告》

25

价值投资要义

这份《补充协议》让上海机场在2021年2月1日和2月2日连续两天股价跌停。

白云机场也是如此，不过白云机场的《补充协议》要稍微友好一些。白云机场2017年5月6日和2017年10月10日分别发布公告，白云机场的一号航站楼和二号航站楼与中免公司签署合作协议，合作协议上月经营权转让费和年度递增额都是两者取其高，也是一份"下有保底，上无封顶"的合同。不过随着疫情影响，白云机场国际出入境旅客吞吐量大幅减少，2022年6月25日，白云机场发布《广州白云国际机场股份有限公司关于进出境免税店项目经营合作补充协议的公告》，不过与上海机场的《补充协议》不同，白云机场的这份《补充协议》费用收取模式是不变的，仅仅是降低了协议期内的保底金额，还是一份"下有保底，上无封顶"的合同。

投资者需要思考哪些因素会影响公司的基本面。原材料价格上涨会影响企业的基本面吗？管理层变动会影响企业的基本面吗？利空利好的政策影响是暂时的还是永久的？如果投资者实在无法判断，有一个可以参考的规律：企业基本面迎来质的拐点绝大多数情况下意味着企业未来几年没有稳定的现金流，如果一家企业在未来几年不能产生稳定的现金流，那么意味着这家企业的经营可能迎来了长期下行周期。基本面发生变化的是少数，但是一旦发生变化，股价可能就是一泻千里。即使投资者有上千万资产，也可能直接返贫。

最后，投资者需要根据每年公司的业绩调整公司的估值。在"第一板斧 低估买入"里面我们用自由现金流折现法计算出了企业的内在价值，但是计算出结果以后就结束了吗？其实企业的价值跟人的身价一样是动态变化的，20岁的马云和50岁的马云身价是不一样的，2013年的贵州茅台和2021年的贵州茅台内在价值也是不同的。如果一家企业的营收和净利润在逐年增长，那么这家企业的内在价值也在不断增长。同理，如果一家企业经营的一年比一年差，那么这家企业就越来越不值钱。

我们曾站在2021年1月1日这个时间节点以未来十年自由现金流每年增长15%和折现率10%计算，贵州茅台未来现金流折现值约为22391.66亿元，那么我们再站在2022年1月1日继续以未来十年自由现金流每年增长15%、折现率10%和永续增长率5%来看看贵州茅台未来现金流折现值是如何增长的。按照

第一章 价值投资三板斧

自由现金流增长15%计算，2022年贵州茅台的归母净利润应当为603.75亿元。

年份	自由现金流（亿元）	增长率	折现率	自由现金流现值（亿元）
2023	$603.75 \times 1.15 \approx 694.31$	15%	10%	$694.31 \div 1.1 \approx 631.19$
2024	$603.75 \times 1.15^2 \approx 798.46$	15%	10%	$798.46 \div 1.1^2 \approx 659.88$
2025	$603.75 \times 1.15^3 \approx 918.23$	15%	10%	$918.23 \div 1.1^3 \approx 689.88$
2026	$603.75 \times 1.15^4 \approx 1055.96$	15%	10%	$1055.96 \div 1.1^4 \approx 721.23$
2027	$603.75 \times 1.15^5 \approx 1214.36$	15%	10%	$1214.36 \div 1.1^5 \approx 754.02$
2028	$603.75 \times 1.15^6 \approx 1396.51$	15%	10%	$1396.51 \div 1.1^6 \approx 788.29$
2029	$603.75 \times 1.15^7 \approx 1605.99$	15%	10%	$1605.99 \div 1.1^7 \approx 824.13$
2030	$603.75 \times 1.15^8 \approx 1846.89$	15%	10%	$1846.89 \div 1.1^8 \approx 861.59$
2031	$603.75 \times 1.15^9 \approx 2123.92$	15%	10%	$2123.92 \div 1.1^9 \approx 900.75$
2032	$603.75 \times 1.15^{10} \approx 2442.51$	15%	10%	$2442.51 \div 1.1^{10} \approx 941.69$
2032以后	$2442.51 \times (1+0.05) \div (0.1-0.05) \approx 51292.71$	5%	10%	$51292.71 \div 1.1^{11} \approx 17977.78$
合计	65389.85			25750.43

站在2022年1月1日这个时间节点以未来十年自由现金流每年增长15%和折现率10%计算，贵州茅台未来现金流折现值约为25750.43亿元，比起2021年1月1日的22391.66亿元，贵州茅台的内在价值同比增加15%，内在价值的增长率与自由现金流增长率相同。

实际上，我们投资者在调整估值的时候没有必要根据企业每年的净利润再算一遍。考虑到估值是"模糊的精确"，如果企业净利润实际增长15%至30%之间，我们上调买点15%，如果企业净利润实际增长30%以上，我们上调买点20%。根据2021年年度报告来看，贵州茅台的买点为22391.66亿元，如果2022年年报披露后公司净利润同比增加20%，那么上调买点15%，贵州茅台的买点变为22391.66×1.15=25750.41亿元；如果业绩特别好，2022年年报披露后公司净利润同比增加50%，那么上调买点20%，贵州茅台的买点变为22391.66×1.2=26869.99亿元。

为什么净利润同比增加50%，我们只是上调买点20%呢？为什么业绩特别

价值投资要义

亮眼我们不能将买点调整得特别高呢？因为安全边际是投资的首要准则。巴菲特投资有两条准则，第一条准则是永远不要亏损，第二条准则是永远不要忘记第一条。当某一年公司赚取的净利润远超过去几年时，我们是无法判断如此高基数下的净利润增长是否是可持续的，如果在下一年净利润不可持续，出现同比下降的情况，投资者的情绪就会受到影响，股价有可能就会下跌。

2020 年受疫情影响，不少线下办公、社交、娱乐活动都转移到了线上，云办公、云旅游、云教学等云产业兴起，这对于互联网巨头来说是个大利好。腾讯控股就是这次疫情的受益者之一。疫情在家大家开会用腾讯会议、娱乐打王者荣耀、听歌用 QQ 音乐，这促进了腾讯控股 2020 年的业绩增长。根据腾讯控股 2020 年年报披露，归母净利润同比增长 71.31%，网络游戏、金融科技等板块都实现了不错的增长，不仅如此，腾讯控股集中投资的互联网行业在 2020 年也发展得不错，这也给腾讯控股带来了可观的利润。

"市场先生"在 2020 年不断提高对腾讯控股的出价，2020 年腾讯控股港股股价最低价为 312.43 港元，最高价为 609.85 港元，从 2020 年 3 月以来全年呈上涨态势。

如果因为 2020 年腾讯归母净利润的高增长，投资者将估值上调 70%，给予了很高的买入价，那么在 2021 年和 2022 年浮亏就会很严重。影响一家公司利润增长的因素较多，投资者对于未知的未来需留好后手。

一家企业的内在价值一定是逐年增长的吗？不一定，投资也有遇到逆风局的时候。如果一家企业营收和净利润同比下降的话，投资者需要下调企业的估值。参考贵州茅台净利润同比增长 15% 的估值计算方法，我们就不具体计算贵州茅台净利润同比下降 15% 的估值了。对于估值的下调，我们也只需要模糊地调整，根据企业披露的年报数据去酌情下调即可，如果对于企业未来发展依旧保持乐观的可以下调少一些。不仅如此，我们在前文提到过这么一句话："如果想要低估买入的公司上涨的话，判断公司未来的利润增长率是核心"，所以我们投资者下调估值的行为一定是要建立在公司还会继续增长的情况下。

第三板斧　高估卖出

很多人看到浮盈就控制不住卖的冲动，卖意味着赚钱，意味着落袋为安，意味着不再担心股价下跌的风险，但也意味着放弃这家公司的股权。股票流动性比较高，A股是T+1的交易机制，港股是T+0的交易机制，要卖出一只股票不是什么难事。可是卖了以后呢？不少人卖了这只股票再去寻找下一只可以买入的股票，然后陷入一个无限循环。比方说投资者卖出了伊利股份的股票，盈利了20%，然后投资者会把钱安安静静地放在银行吗？并不会，投资者会觉得银行存款和理财产品的低利率带来的利润回报远远没有股票市场带来的高，然后他们会去寻找下一只可以帮他们赚更多钱的股票，问题是他们对下一只可以买入的股票研究程度有多深呢？在大多数情况下，投资者对于那些没有买入过的股票的熟悉程度是远远低于他们已经买入并持有过的股票的。

如果能找到下一个熟悉程度高并且盈利确定性高的买入标的还好说，但如果没有找到更好的公司，那么那些钱应该怎么办呢？比方说投资者卖出贵州茅台赚了不少，然后他们为了让盈利的现金有用武之地便去寻找下一家好公司的股权，问题是他们怎么保证下一家公司一定比贵州茅台好呢？事实上A股绝大多数公司都是不如贵州茅台的。段永平说过：这些年确实没发现什么能让我用苹果或茅台去换的公司。当然有人会问：等贵州茅台的股价跌下来再买不就好了吗？不少人就是因为这样卖飞的。"市场先生"未来的报价是难以预测的，跌下来了倒还好，要是没有跌下来，股价涨上去了投资者会悔不当初。看看贵州茅台近几年的股价，你觉得你在2022年用100元买到贵州茅台的概率是多少？然而"市场先生"是曾经给过投资者用100元甚至更低的价格去购买贵州茅台的机会的。

在股市里有一句话叫"会买的是徒弟，会卖的是师父，会空仓的是祖师

价值投资要义

爷",这句话将卖放在了比买更高的位置,其实不是投资者的做法,而是投机者的做法。作为投资者,最好的状态其实是长期持有不卖。如果你觉得你买入并持有的是一家能够长期赚钱并给股东带来回报的好公司,为什么你要卖呢?不过有一点必须要承认,卖的难度的确要比买的难度高,沃伦·巴菲特也在"卖"上犯过错。很多人其实知道什么时候去买一只股票,比方说在市场大跌的时候股价很便宜,他们买了不少,但他们不清楚什么时候卖,结果也没赚到什么钱。

那么什么时候卖呢?卖出和买入一样是一项动作,是需要决策的,而持有是一种状态,是不需要决策的。决策就意味着可能犯错,"卖"这项决策就代表着要判断市场下一步怎么走,代表着要判断公司所在的行业是否还在成长期,代表着要判断公司的经营状况。投资中不犯错不太可能,但是如果投资中想要少犯错,方法很简单:减少做决策的次数。考虑到卖出比买入的难度大,所以投资者最好只做一次决策,最好只有买入没有卖出。如果能够选中那些永远不用卖出的好公司,那就避免了在"卖"上面的犯错。成为一家公司的股东以后,卖出其实没有那么重要,买入之后投资者最好不要想着"我应该什么时候卖出呢?"这样的问题。

不过事实上投资者很难做到这一点,长期持有不卖这个境界实在太高了,巴菲特也做不到这一点,巴菲特也"怕高"。在投资苹果获利后,巴菲特卖掉了小部分仓位的苹果,后来在2021年伯克希尔股东大会上巴菲特承认减仓苹果是一个错误。永远不卖其实是一个非常理想的概念,毕竟绝大多数人来到股市归根结底是要来赚钱的。于是就有了以下四种卖出情况。

第一种情况是最简单的也是最没有争议的,就是投资者买错了。买错了可能是因为投资者购买了证券公司或者大V推荐的股票,可能是因为买之前没有深入研究,可能是因为买之前以为在自己的能力圈内结果不在,也可能是因为买之后才发现了之前研究中的盲区。投资者用几百倍市盈率买入一家自己不懂的公司和赌博是没有什么区别的,虽然它不一定不涨,但是也没有持有的意义。巴菲特早期大量买入伯克希尔·哈撒韦并取得控制权就是买错了的例子,巴菲特刚开始买入伯克希尔的股票时安全边际是很高的并且有机会卖出赚钱,可惜后来感觉被管理层欺骗后没有卖出反而加大力度买入以取得公司的控制权。时

第一章　价值投资三板斧

间是烂公司的敌人，伯克希尔的纺织业务经营每况愈下拖累了巴菲特合伙公司的业绩，这让巴菲特后来不得不承认买入伯克希尔是一个错误。

第二种情况是发现了更好的投资标的。投资是资产之间的比较，投资者应该把钱放在长期收益率更高的资产上面。至于具体投资标的之间的比较则相当考验投资者选择公司的能力，投资者需要判断白酒、互联网、医药、煤炭、银行等行业哪个比较赚钱，需要判断白酒行业里哪家公司比较有竞争优势，需要判断医药行业里谁的研发能力比较强，需要判断哪家互联网公司的产品大家都在用。

同一行业内公司的比较往往可以选择行业龙头。正所谓"买房买一线，买股买龙头"，因为马太效应，行业龙头的投资价值往往比行业里的一些小公司高得多。行业龙头拥有规模、资金等优势，往往在牛市的时候涨得多一些，在熊市的时候跌的少一些。白酒行业龙头贵州茅台、安防行业龙头海康威视、航空机场行业空头上海机场都是很好的例子。

从财务数据上我们也可以直接看出行业龙头的优势，贵州茅台 2021 年的合同负债为 127.18 亿，泸州老窖 2021 年的归母净利润为 79.56 亿，山西汾酒 2021 年的归母净利润为 53.14 亿，贵州茅台仅合同负债就超过了泸州老窖和山西汾酒的归母净利润，也就是说贵州茅台向客户预先收取的货款就已经超过了泸州老窖和山西汾酒一年的净利润了；海康威视 2021 的研发投入为 82.52 亿元，而大华股份的研发投入为 34.52 亿元，虽然两公司的研发投入占营业收入的比重都是 10% 左右，但是海康威视的研发投入是大华股份的两倍多。

不过有一点需要注意。投资者买股买龙头应尽量选择行业集中度逐渐提高的行业，不要选发展了几十年上百年还是很分散的行业，如果发展了几十年上百年还没有分出谁最强，往往意味着这个行业的特性不适合几家企业形成独占态势。

零售行业就是一个很好的例子，中国的零售行业历史悠久，但是整个零售行业格局还是非常分散的，这跟零售行业的特性有关。无论是便利店、超市、百货商店、购物中心，它们提供的产品是非常同质化的，永辉超市的水果蔬菜、休闲零食和酒品饮料与大润发、家乐福里的没什么不同，消费者选择去哪家超市更多考虑到的是地理位置问题，哪家超市离得近去哪家。

价值投资要义

绝大多数周期性行业特性也不适合形成独占态势，投资周期性行业跟判断行业周期景气性有关，跟是否买龙头股没有什么关系。周期股的上涨和下跌几乎是全行业的，周期股能否迎来上行或下行周期不是公司自己能决定的。银行业跟宏观经济息息相关，经济好的时候企业更加愿意融资，而经济差的时候企业往往贷款意愿低。煤炭行业的利润跟煤价挂钩，如果煤炭价格大幅上涨，整个行业都是受益的，所以投资中国神华与投资陕西煤业、兖矿能源没有什么区别。

周期性行业的股价走势都是整个板块的上涨和下跌，我们以煤炭板块举例来看看周期性行业的上涨和下跌。

2020年1月3日至2020年12月31日，中国神华A股起始价13.82元，最终价15.14元，涨跌幅为9.55%；2020年1月3日至2020年12月31日，陕西煤业起始价7.44元，最终价8.14元，涨跌幅为9.40%；2020年1月3日至2020年12月31日，兖矿能源A股起始价8.42元，最终价8.98元，涨跌幅为6.69%。2020年煤炭板块整体上是不涨不跌的状态。

公司名称	起始价（元）	最终价（元）	涨跌幅
中国神华	13.82	15.14	9.55%
陕西煤业	7.44	8.14	9.40%
兖矿能源	8.42	8.98	6.69%

2021年1月8日至2021年12月31日，中国神华A股起始价15.14元，最终价20.81元，涨跌幅为37.50%；2021年1月8日至2021年12月31日，陕西煤业起始价8.14元，最终价11.45元，涨跌幅为40.62%；2021年1月8日至2021年12月31日，兖矿能源A股起始价8.98元，最终价22.22元，涨跌幅为147.42%。2021年煤炭板块整体上呈现上涨态势。

公司名称	起始价（元）	最终价（元）	涨跌幅
中国神华	15.14	20.81	37.50%
陕西煤业	8.14	11.45	40.62%
兖矿能源	8.98	22.22	147.42%

第一章　价值投资三板斧

2022年1月7日至2022年9月30日，中国神华A股起始价20.81元，最终价31.64元，涨跌幅为52.04%；2022年1月7日至2022年9月30日陕西煤业起始价11.45元，最终价22.77元，涨跌幅为98.89%；2022年1月7日至2022年9月30日兖矿能源A股起始价22.22元，最终价50.17元，涨跌幅为125.77%。2022年前三季度煤炭板块大涨。

公司名称	起始价（元）	最终价（元）	涨跌幅
中国神华	20.81	31.64	52.04%
陕西煤业	11.45	22.77	98.89%
兖矿能源	22.22	50.17	125.77%

不过世界上没有特别绝对的事情，优秀的公司往往会在周期中体现出成长性，其股价也会穿越牛熊，比方说基础化工龙头万华化学、股份制银行龙头招商银行、覆铜板龙二生益科技等。

不同行业中公司的选择就更加需要投资者用实业的眼光去看待投资，哪个行业比较容易赚钱，哪个行业赚钱比较辛苦。查理·芒格在投资之前做实业的时候就发现有些行业天生赚钱就很简单，而有些行业的生意模式本身就不太好。比方说航空业同质化的商业模式就使得其赚钱比较困难，乘客购买机票的时候是看哪家航空公司的机票便宜就买哪家，我们经常看到航空公司打价格战，这样航空公司就很难培养客户忠诚度。不仅如此，买飞机、修飞机、维护飞机、飞行员的工资对于航空公司来说都是很大的一笔支出。

投资者可以思考一下：高端白酒行业的贵州茅台与速冻食品行业的安井食品相比，哪一个是更好的投资标的呢？

我们先来看下2017—2021年贵州茅台和安井食品的毛利率。

年份	2017	2018	2019	2020	2021
贵州茅台毛利率	89.80%	91.14%	91.30%	91.41%	91.54%
安井食品毛利率	26.27%	26.51%	25.76%	25.68%	22.12%

来源：东方财富

价值投资要义

贵州茅台的毛利率高达 90% 左右，明显高于安井食品的毛利率。

再来看另一项指标：销售费用率。贵州茅台和安井食品 2017—2021 年的销售费用率如下表所示。

年份	2017	2018	2019	2020	2021
贵州茅台销售费用率	4.89%	3.33%	3.69%	2.60%	2.50%
安井食品销售费用率	14.07%	13.43%	12.28%	9.25%	9.15%

来源：东方财富

我们可以看出贵州茅台几乎不需要什么销售费用，而安井食品为了提高速冻食品的市场占有率投入的销售费用占比有点高。

从数据上我们可以很直观地看出，贵州茅台的商业模式是优于安井食品的。虽然安井食品在速冻行业深耕二十多年，近几年营收和净利润高速增长，速冻火锅料的产能远高于同行业的惠发食品、海欣食品和三全食品，但是比起高端白酒行业的贵州茅台，速冻食品行业同质化比较严重并且提价空间小，是一个走量不走价的生意。目前安井食品的市占率还远远没有高到可以独占的程度，所以在未来几年为了打造品牌知名度，安井食品的销售费用依旧会继续增长。不仅如此，同业竞争激烈，接下来几年安井食品依然不太可能有提价的空间。

由此可得，贵州茅台的投资价值比安井食品更高。假设投资者持有安井食品浮盈而贵州茅台的市值只有内在价值一半的时候，投资者完全可以卖出安井食品从而买入贵州茅台，因为安井食品的商业模式其实是不如贵州茅台的。

投资者可以再思考一下：CXO 行业的药明康德和创新药行业的恒瑞医药相比，哪一个是更好的投资标的呢？

我们先来看下恒瑞医药和药明康德 2017—2021 年的毛利率。

年份	2017	2018	2019	2020	2021
恒瑞医药毛利率	86.63%	86.60%	87.49%	87.93%	85.56%
药明康德毛利率	41.83%	39.45%	38.95%	37.99%	36.28%

来源：东方财富

虽然恒瑞医药的毛利率远高于药明康德，但是恒瑞医药 2017—2021 年的净利率却只有三年比药明康德高。在2018年和2021年这两年恒瑞医药的净利率低于药明康德。恒瑞医药和药明康德2017—2021年的净利率如下表所示。

年份	2017	2018	2019	2020	2021
恒瑞医药净利率	23.80%	23.32%	22.87%	22.75%	17.31%
药明康德净利率	16.70%	24.27%	14.85%	18.06%	22.43%

来源：东方财富

要知道贵州茅台的毛利率高达90%左右，而净利率可以高达50%左右。为什么恒瑞医药的毛利率可以高达80%以上，而净利率只有20%左右呢？为什么恒瑞医药的毛利率可以是净利率的四倍左右呢？恒瑞医药到底把钱花在了哪里呢？

恒瑞医药近几年的管理费用率和药明康德差不多，都在10%左右。不仅如此，与药明康德不同，恒瑞医药的财务费用在2017—2021年全部为负，公司的利息收入已经高于利息支出、汇兑损失、手续费支出等费用。排除掉了管理费用和财务费用以后，那么答案就浮出水面了：恒瑞医药有着远高于药明康德的销售费用和研发费用。

我们来比较一下恒瑞医药和药明康德的销售费用率和研发费用率。

年份	2017	2018	2019	2020	2021
恒瑞医药销售费用率	37.50%	37.11%	36.61%	35.34%	36.22%
药明康德销售费用率	3.75%	3.51%	3.41%	3.56%	3.05%
恒瑞医药研发费用率	12.71%	15.33%	16.73%	17.99%	23.95%
药明康德研发费用率	3.94%	4.54%	4.59%	4.19%	4.11%

来源：东方财富

作为创新药龙头，恒瑞医药投入高额的研发费用和销售费用是理所应当的。有投入不一定有产出，但没有投入就一定没有产出，关键的问题是创新药研发的产出结果如何？创新药研发风险大、周期长、成功率低、竞争激烈，就拿治疗肿瘤的PD-1和CAR-T举例，除了恒瑞医药以外，国内还有不少家公司竞争研发。在这么多家制药公司里，恒瑞医药给予股东的回报还算不错，常年

价值投资要义

业绩也说得过去。要知道百济神州、信达生物这样烧钱的企业连利润都是负的。2021年12月15日，百济神州于科创板上市，我们来看下百济神州2018—2020年业绩。

年份	2018	2019	2020
ROE（%）	−52.17	−73.70	−53.70
营业收入（亿元）	13.10	29.54	21.20
归母净利润（亿元）	−47.47	−69.15	−113.84
扣非净利润（亿元）	−49.42	−71.19	−117.39
经营现金流（亿元）	−42.00	−55.46	−51.80

来源：百济神州首次公开发行股票并在科创板上市招股说明书

即使恒瑞研发能力强能研发出创新药，但是新药专利期一过，仿制药企业就要来分一杯羹。不仅如此，创新药企业还要担心集采的影响，集采丢标就会丢掉市场，集采中标就会导致药品价格大幅下降。

而恒瑞医药、百济神州这样的创新药企业投入的巨额研发费用会有一部分转化成药明康德、康龙化成等CXO企业的利润，让CXO企业赚得盆满钵满。券商喜欢将CXO企业比作医药行业淘金热背后的"卖水人"或"卖铲人"，淘金子的未必赚钱，而卖铲子的赚钱了。从2021年恒瑞医药和药明康德的业绩对比中我们也可以看出这点，恒瑞医药的营收和净利润呈现出了负增长，而药明康德的营收和净利润创了历史新高。

那药明康德等CXO企业的商业模式有没有缺点呢？当然是有的。CXO企业门槛低、天花板低。要成立一家CXO企业并不需要很高的门槛，这就导致了中国存在着几百家CXO企业并且大多数规模都很小。不仅如此，CXO企业面对下游制药企业的议价能力不强，如果这笔订单药明康德做不了，恒瑞医药、中国生物制药等药企就会换一家CXO企业做。

不过CXO企业的商业模式的缺点在药明康德这家公司身上并没有完全体现。中国医药行业分散度高，大多数制药企业规模也不大。截至2022年9月30日，恒瑞医药市值约为2239亿元，药明康德A股市值约为2122亿元，两者市值相当。药明康德的市值其实远超于很多制药公司。不仅如此，根据药明康德

第一章 价值投资三板斧

2021 年年度报告，作为中国 CXO 行业的龙头企业，公司的客户来自全球有 30 多个国家，这些客户总数超过 5700 家。根据药明康德招股说明书，药明康德是唯一一家市场份额进入全球药物研发外包行业前十的企业。

综合判断下来，药明康德的投资价值要比恒瑞医药更高一些，投资药明康德的确定性也要比恒瑞医药高一些，投资者可以考虑更换投资标的。

不过关于投资标的的更换有两点需要注意的地方：第一，不要频繁地更换股票；第二，尽量不要在浮亏的时候卖出以更换投资标的。假设投资者持有安井食品浮亏而贵州茅台处于合理估值位置时，投资者其实没有必要卖出安井食品去买入贵州茅台，即使长期来看贵州茅台是比安井食品更好的投资标的，但短期股价的走势不一定有安井食品涨得多。截至 2022 年 9 月 2 日，贵州茅台的市盈率（TTM）为 40.89 倍，而安井食品的市盈率（TTM）为 56.96 倍，市场给予安井食品的估值比贵州茅台还要高。

不仅如此，截至 2022 年 9 月 2 日，贵州茅台的股价也并没有安井食品涨得多。从 2022 年 3 月 3 日至 2022 年 9 月 2 日，贵州茅台的起始价为 1825.14 元，最终价为 1875.00 元，涨跌幅仅为 2.73%；而从 2022 年 3 月 3 日至 2022 年 9 月 2 日，安井食品的起始价为 121.91 元，最终价为 153.00 元，涨跌幅为 25.51%。

说完了前两种情况，在说后面两种卖出情况之前，我们不妨来看一下股价上涨的核心逻辑，看看投资者赚的到底是什么钱。

一家公司的市值＝净利润 × 市盈率，那么公司市值的增长就来源于两点：一是净利润的增长，二是市盈率的上涨，即估值的上涨。公司净利润的增长让投资者赚的是公司成长的钱，公司市盈率的上涨让投资者赚的是"市场先生"的钱，这两份钱虽然来源不同，但是对于投资者来说都是真金白银。下跌同理，投资者浮亏也就两种原因，要么是公司业绩下滑开始不赚钱了，要么就是"市场先生"报价低了。

对于价值投资者来说，"市场先生"的奖学金属于意外之财，毕竟"市场先生"喜怒无常，要赚它的钱得凭运气，我们价值投资者主要赚取的是公司成长的钱，因为影响因素太多，所以我们没有办法预测明天、明年乃至十年后市场给予一家企业的估值。我们无法预测 2007 年和 2015 年的牛市，我们也无法预测 2008 年、2016 年和 2018 年的熊市，但是我们可以凭借自己深入研究一家公

价值投资要义

司判断其未来业绩大概率增长而赚取公司成长的钱。

除非一些特别大的牛市或者熊市，成长股大多数估值比较稳定，比方说贵州茅台、五粮液、腾讯控股、恒瑞医药等公司，股价会慢慢地随着公司业绩的增长而上涨，所以投资者主要赚的是公司成长的钱，下跌时往往是因为公司估值走低亏估值的钱。而一些"妖股"或者热点概念股，公司可能仍然处于亏损状态或者近一年的业绩昙花一现吸引了市场投机者，这样的公司业绩是不能看的，投机者主要赚的是"市场先生"的钱。可见投机的难度比投资大得多，因为宏观、政策、行业、短期业绩等都是影响"市场先生"的因素，投机者稍微判断不准，筹码就会输光。

我们先来看下如果投资者从 2019 年 1 月 2 日（2019 年第一个交易日）开始投资贵州茅台持有至 2021 年 12 月 31 日的收益哪部分由公司的业绩构成，哪部分由市场构成。在这期间，贵州茅台起始价为 563.27 元，最终价为 2028.07 元。

贵州茅台的 2018 年的归母净利润约为 352.04 亿元，在 2020 年约为 466.97 亿元，两年时间里翻了 1.3 倍左右；贵州茅台的市盈率在 2019 年 1 月 2 日为 27.79 倍，在 2021 年 12 月 31 日为 55.15 倍，估值提升了 2 倍左右。归母净利润贡献了 1.3 倍左右，估值贡献了 2 倍左右，净利润和估值一共贡献了 1.3×2＝2.6 倍，对应股价涨跌幅为 260.05%。

腾讯控股在 2021 年股价一直处于下跌状态，我们来分析下如果投资者从 2020 年 12 月 31 日投资腾讯控股持有至 2021 年 12 月 31 日的亏损哪部分由公司的业绩构成，哪部分由市场构成。腾讯控股 2020 年 12 月 31 日至 2021 年 12 月 31 日起始价为 539.04 港元，最终价为 441.29 港元。

腾讯控股 2019 年的归母净利润约为 933.10 亿元，在 2020 年约为 1598.47 亿元，一年时间里翻了 1.71 倍左右；腾讯控股的市盈率在 2020 年 12 月 31 日为 38.91 倍，在 2021 年 12 月 31 日为 18.97 倍，公司 2021 年底的估值只有 2020 年底的 0.48 倍左右。在归母净利润的高速增长下，因估值下跌拖累了股价表现，净利润和估值合在一起对公司股价作用为 1.71×0.48≈0.82 倍，对应股价涨跌幅为 -18.13%，净利润带不动估值。

股价上涨的核心逻辑便是如此，这样我们就更能理解为什么用较低的估值买入一家未来有成长空间的公司股价上涨的空间大，这样我们就可以实现业绩

第一章 价值投资三板斧

和估值的戴维斯双击。

戴维斯双击是戴维斯家族创立的。前文提到过一个公式：市值＝净利润×市盈率，将整个公式左右两边都除以股本可得：股价＝每股收益×市盈率。老戴维斯会在购买低市盈率有成长空间的股票，比方说以10元买入市盈率为10倍、每股盈利为1元的股票。假设5年后价值回归，市场情绪修复，该股票市盈率上涨到50倍，公司业绩增长，每股盈利增长到2元，那么该股票的股价会迎来估值和业绩的双击效应，股价变为50×2=100元，这样老戴维斯就赚了10倍。反之，如果一只股票业绩和估值都下降，就被称为戴维斯双杀。

药明康德从2020年至2021年股价的上涨就是业绩和估值戴维斯双击的典例，2020年1月3日至2021年12月31日药明康德A股起始价为53.76元，最终价为117.99元，涨跌幅为119.49%。股价的上涨是业绩和估值双重推动的，2019年药明康德的每股收益为1.14元，2020年药明康德的每股收益为1.27元，2020年1月3日药明康德的市盈率为65.20倍，2021年12月31日药明康德的市盈率为118.40倍，公司的股价迎来了业绩和估值的戴维斯双击。

格力电器从2020年至2021年股价的下跌则是业绩和估值戴维斯双杀的典例，2020年1月3日至2021年12月31日格力电器起始价为53.41元，最终价为33.77元，涨跌幅为−36.77%。股价的下跌也是业绩和估值双重推动的，2019年格力电器的每股收益为4.11元，2020年格力电器的每股收益为3.71元，2020年1月3日格力电器的市盈率为15.41倍，2021年12月31日格力电器的市盈率为9.88倍，公司的股价迎来了业绩和估值的戴维斯双杀。

药明康德和格力电器的例子本质上和前文贵州茅台和腾讯控股的例子是一样的。

虽然老戴维斯买的绝大多数是保险股，但是戴维斯双击的投资逻辑在市场中是广泛应用的。要实现戴维斯双击不难，只要满足两点就可以：第一，公司股价处于低估状态；第二，公司业绩有成长空间。事实上绝大多数投资者并没有在两点同时满足时就买入了一只股票。不少价值投资者喜欢购买仅满足第一点的股票，他们用低市盈率、低市净率去购买被市场抛弃的股票，可惜那些股票并没有很好的成长空间，所以经常被市场低估不少年，只能等到特别大的牛市时才能享受比较高的估值。而不少投机者喜欢购买仅满足第二点的股票，他

价值投资要义

们用高市盈率、高市净率去购买被市场疯抢的股票，结果并没有多高的收益率。假设一家高市盈率、高市净率公司的成长空间不变，每年保持50%的增长速度，投机者用50倍市盈率去买，等股票市盈率变到100倍的时候投机者才赚到一倍，先且不说公司能不能保持每年50%的增长速度，要赌一只股票从市盈率50倍涨到100倍的风险实在太大。

投资者真的能用一个低估的股价买到一家有成长空间的公司吗？有的，不过这样的投资机会在熊市的时候会多一些。2016年贵州茅台的市盈率（TTM）最低的时候只有15.36倍，2018年贵州茅台的市盈率（TTM）最低的时候只有20.68倍；2016年五粮液的市盈率（TTM）最低的时候只有14.88倍，2018年五粮液的市盈率（TTM）最低的时候只有15.11倍。

说完了股价上涨的核心逻辑，要理解后面两种卖出情况就很简单了，后面两种卖出情况分别为业绩无法增长和估值过高。

第三种情况是业绩无法增长，业绩无法增长就代表着股东无法赚到公司成长的钱了。业绩无法增长的原因有很多，可能是行业进入了成熟期，可能是行业基本面发生了变化，也可能是公司发展遇到了瓶颈。

业绩是否增长是比较直观的，从上市公司的利润表里就可以看出，站在2022年，哪些公司在过去几年业绩没有增长甚至在不断下降是一目了然的。不过未来业绩能否增长就比较难判断了，站在2022年，我们几乎不太有具备准确预测未来的能力，我们不能保证哪些公司在未来几年业绩一定增长。券商研报里的预期增长数据基本上也都不太准确，不然就不会经常有公司业绩低于预期和公司业绩远超预期的资讯了。

在2020年古井贡酒年度报告出来之前，不少券商研报里给出了古井贡酒2020年业绩个位数的预期增长率，结果公司业绩因疫情影响导致营收和净利润负增长，远低于券商的预期。这就是卖出的难点了，投资者只能根据自己对公司的深入研究判断一个概率，如果判断公司未来业绩大概率增长则继续持有，反之则卖出。

在中国老龄化日益加剧的趋势下，创新药研发投入费用巨大，创新药在研产品逐步增多。我们研究药明康德下来发现CXO行业能在创新药研发中受益，未来几年营收和净利润大概率增长。徽酒格局从分散到集中，在消费升级下次

第一章　价值投资三板斧

高端白酒有望量价齐升，我们研究古井贡酒下来发现其作为徽酒龙头市占率常年第一，未来几年营收和净利润大概率增长。在商品房销售规模大幅下滑、全国房地产新开工面积大幅减少、土地成交面积大幅回落的情况下，我们研究万科下来发现其作为房地产龙头，未来几年营收和净利润大概率下降。

其实我们在"第二板斧　合理估值持有"中提到过关于行业或公司的基本面发生变化从而导致公司业绩无法增长的情况并且列举了新东方等案例。如果投资者在持有股票过程中发现公司的基本面发生了变化，那么就可以考虑卖出该公司的股票。不过对于基本面变化的判断是基于未来的，所以没有人保证公司未来是否会突破瓶颈从而导致股价上涨，这也是卖出可能会犯错的原因。

当"双减"政策出台以后，市场绝大多数投资者（包括本人在内）都觉得新东方不会再有所起色，各大机构也几乎是清仓式减持。不过新东方在俞敏洪的带领下通过双语直播带货转型成功。虽然净利润亏损，投资价值也大不如以前，但股东却十分买账。2022年3月31日至2022年9月30日新东方起始价为12.40元，最终价为23.97元，涨跌幅为93.31%。

前三种情况卖出不一定赚钱，可能还会亏钱，但是最后一种情况卖出肯定赚钱，最后一种情况就是第三板斧：高估卖出。

在"第一板斧　低估买入"中我们提到了企业的内在价值。当一家企业的内在价值低于市场价值的时候，我们可以考虑购买这家企业的股权；反之，当市场价值严重高于企业的内在价值时，我们可以考虑卖出这家企业的股权。高估卖出的道理很简单，但问题的核心就在于一家企业的股价多高才算是严重高于其内在价值？一股贵州茅台在2022年报价3000元算不算高估？福耀玻璃市值达到多少亿才可以卖？

巴菲特投资可口可乐就是一个经典案例。巴菲特于1988年开始投资可口可乐，到了1998年巴菲特持有的可口可乐盈利约11倍，CAGR（Compound Annual Growth Rate，年均复合增长率）≈27%。10年11倍，除了业绩推动可口可乐股价的上涨以外，估值也起了很大的作用。可口可乐1988年净利润约为10.4亿美元，1998年净利润约为35.3亿美元，净利润翻了3.4倍左右；巴菲特于1998年买入可口可乐的平均市盈率约为14.7倍，于1999年买入可口可乐的平均市盈率约为15倍，1994年买入可口可乐的仓位占比较小可以忽略，所以巴

价值投资要义

菲特买入可口可乐的平均市盈率可以算作 15 倍，估值从 15 倍市盈率至 50 倍市盈率，共提升 3.3 倍左右，净利润和估值一共贡献了 $3.4 \times 3.3 \approx 11$ 倍。随后可口可乐股价开始呈现下跌趋势，高估值下的可口可乐一跌就是 10 年，从 1998 年跌到 2008 年，这十年间可口可乐的股价都没有再超过 1998 年的最高价。

可口可乐在 1998 年年中市盈率超过了 50 倍，但是巴菲特并没有卖。我个人揣摩了一下巴菲特在高位没有卖的原因。首先巴菲特从一开始购买可口可乐的时候就打算持有它很长一段时间，甚至是永恒持股。巴菲特在 1988 年致股东的信中写道：我们作出两项重大决定，大笔买进房地美与可口可乐，我们打算要持有这些股票很长一段时间；在 1996 年致股东的信中写道：像可口可乐与吉利这类的公司应该可以被归类为"永恒的持股"。从可口可乐的仓位占比我们也可以看出可口可乐在巴菲特心中的地位。考虑到巴菲特建仓可口可乐用了两年的时间，我们不妨只看伯克希尔·哈撒韦 1990 年至 1997 年的可口可乐仓位占比和仓位排名。

可口可乐 1990 年至 1997 年仓位占比和仓位排名

年份	1990	1991	1992	1993	1994	1995	1996	1997
占比	40%	42%	34%	37%	37%	38%	43%	37%
排名	1	1	1	1	1	1	1	1

后期的巴菲特受"成长股之父"菲利普·费雪影响颇深，费雪在《怎样选择成长股》这本书中写道：没有任何时间适宜将最优秀的企业脱手。巴菲特从本杰明·格雷厄姆的烟蒂股投资转变为费雪的成长股投资，投资思想从捡烟蒂抽上一口丢掉转变为陪伴好企业慢慢成长，所以巴菲特不愿意因为高估值减仓可口可乐。好公司是稀有的，在美国是这样，在中国也是这样。2022 年，沪深京上市公司将近 5000 家，但长期能给股东带来回报的好公司也就是贵州茅台、五粮液、腾讯控股、招商银行等公司。可口可乐是当之无愧的好公司，财务上拥有很高的净资产收益率，可口可乐的轻资产运营模式使得维持公司的净利润不需要大量的资本投入。至于巴菲特的可口可乐仓位过重导致卖出可口可乐需要交不少税应该只是次要原因，如果巴菲特真的想卖也会小部分减仓，所以这

第一章　价值投资三板斧

个原因可以忽略。

其次，巴菲特之前卖飞了不少好公司，有几家好公司在巴菲特卖出后股价涨到了更高的价格，这让巴菲特不得不反思格雷厄姆烟蒂股的投资体系。1966年巴菲特花 400 万美元买入迪士尼公司 5% 的股票并在第二年以 620 万美元卖出，结果迪士尼股价从 1967 年至 1995 年上涨 138 倍；1978 年至 1980 年巴菲特以每股 4.3 美元的均价卖出大都会公司的股票，结果到了 1987 年又以每股 17.25 美元的均价重新买回来。于是巴菲特在 1995 年致股东的信中写道："不要轻易卖掉一家优秀公司的股票。"

对于这次没有在市场高估的时候卖出可口可乐，巴菲特后来自己也认错了："你们可以责备我，因为我没有在 50 倍市盈率时卖掉它。"用一个便宜的价格买到了一家好公司长期持有以后也需要在市场严重高估的时候卖出，有了可口可乐的案例，在前文提到过的巴菲特后来减仓苹果也就有迹可循了。

不过有一个比较特殊的例子就是伯克希尔·哈撒韦投资比亚迪。比亚迪 H 股的市盈率常年都很高，尤其是 2020 年以后比亚迪 H 股的市盈率几乎都是三位数。为什么巴菲特没有卖出几百倍市盈率的比亚迪呢？

其实伯克希尔·哈撒韦投资比亚迪更多是芒格的决策，不能够算是巴菲特在中国市场上的一笔投资。卡萝尔·卢米斯的《跳着踢踏舞去上班》这本书中记录到了巴菲特购买比亚迪的原话："我对手机或电池行业一无所知，汽车原理我也不懂，但芒格和索科尔都是聪明人，他们懂这些。况且毫无疑问的是，比亚迪自 1995 年成立以来取得了非凡的成绩。"

在可口可乐 1998 年被市场严重高估的时候芒格也在场，那为什么芒格没有在几百倍市盈率的时候卖出比亚迪呢？关于这个问题其实芒格在 2021 年 Daily Journal 股东大会上就给出了答案，在 2021 年 Daily Journal 股东大会上有两个问题是关于比亚迪的高市盈率和是否考虑卖出的，问题和答案如下。

问：Daily Journal 的股票组合中，比亚迪有了很大的账面盈利。这只股票在去年和今年已经有很大涨幅，价值增长很可能远超过了内在价值的增长。你如何决定是持有还是部分卖出？

芒格：这是个好问题。我们持有比亚迪的前五年，股价基本没什么涨幅，但前两年涨幅很大。这是因为在中国汽车制造从燃油车向电动车转型过程中比

价值投资要义

亚迪处于有利地位。这让中国的投资者推高了它的股价，其中也包括了狂热的投机者。我们倾向于继续持有比亚迪，因为我们欣赏这家公司和它的定位，而且卖出股票需要给加州和联邦政府交很大一笔税。我有个从事风投的朋友，他是我最聪明的朋友之一，他持有大量股票，但常常会择机卖出一半仓位。这样之后无论行情如何波动，他都觉得能接受。我不会这样做，但我也不会批评他的做法。

问：你觉得电动车制造商的估值是不是达到泡沫的区间？伯克希尔·哈撒韦和李录都投资了比亚迪，你对这家公司的评价很高。我知道伯克希尔以长期持有优质公司的股票著称，但是否会存在股价过高以至于公司业绩无法支撑的情况呢？你选择持有而非卖出的原因是什么？

芒格：像估值高得离谱的情况我很少遇到，所以我想我还没有形成一个卖出体系。我只是边走边学。我们非常喜欢这家公司，也很欣赏它的管理层，所以我们会遵从内心的真实想法，继续持有。

综上，我们可以知道芒格选择不卖出高市盈率的比亚迪有两个原因：第一，对于新能源汽车的投资体系还不成熟，还没有形成一个卖出体系；第二，卖出要被政府征收很大一笔资本利得税。

至于2022年8月和9月伯克希尔·哈撒韦小比例减持比亚迪的股份这件事情，我个人判断应该也是芒格的操作，因为巴菲特本人对于能力圈是比较恪守的，他老人家一直保持着不懂不做的原则，而芒格之所以减持比亚迪应该也是觉得高市盈率的比亚迪卖与不卖都可以。

通过巴菲特投资可口可乐的案例可知，我们需要在市场严重高估时卖出一家公司的股票，所以我们需要给一家公司设定一个卖点，卖点也是一个区间，考虑到估值是"模糊的精确"，我们不妨将持有的净利润含金量高的公司股票在50~60倍市盈率的时候卖出，将持有的净利润含金量不高的公司股票在40~50倍市盈率的时候卖出。贵州茅台、五粮液、泸州老窖在2021年年初市盈率都超过了50倍，投资者应该考虑卖出。海康威视在2021年年初市盈率超过了40倍，投资者也应该考虑卖出。

不过投资者按照"第三板斧 高估卖出"的规则卖出在实战中会碰到以下三个问题。

第一章 价值投资三板斧

第一，投资者会错过市盈率高于50倍的公司，比方说海天味业、片仔癀、宁德时代、恒生电子等。这些公司虽然常年市盈率高于50倍，但是股价涨幅都很不错。对于这些公司的股票，我个人的选择是放弃。

第二，股价超过投资者设定的卖点后就不涨了吗？投资者永远不知道"市场先生"会疯狂到什么样的程度。2007年A股出现了前无古人的大牛市，上证指数上涨到了6124.04点；2015年A股在杠杆资金的推动下上涨指数上涨到了5178.19点。历史表明一家公司的股价超过50倍市盈率之后依旧会继续上涨，贵州茅台在2007年时市盈率超过百倍，这个时候投资者一定不可避免地犯第二个"错误"：不可能卖在最高点。卖出以后就不要考虑涨跌了，它涨任它涨，它跌任它跌。历史表明资本市场所有的泡沫迟早都会破灭，而投资者最好的做法就是不去参与。查理·芒格在2021年Daily Journal股东大会上也说道："很多投资者会拥向人群，购买股票，加入狂欢，甚至不惜加杠杆，因为他们不想错过疯狂的牛市。这种投资方式自然是十分危险的，我建议投资者应该更加理性。因为不想错过牛市而追涨买入，和赌博没什么两样。"

第三，如果持有的公司短期业绩低于预期导致了市盈率超过了50倍怎么办？我个人的选择是忽略，遇到阶段性利空政策等不利影响，公司短期业绩会下滑，这有可能导致市盈率超过50倍，但只要不影响公司的基本面就无大碍。市盈率其实是一个滞后指标，关键还是要看公司未来的盈利能力。只要投资者觉得公司具备未来可持续的盈利能力，就无须关注公司短期不及格的"成绩单"。

第二章

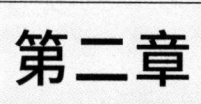

商业模式

2006年，段永平以62.01万美元拍下了和沃伦·巴菲特共进午餐的机会。在午餐中段永平问巴菲特："投资中最重要的是什么？"巴菲特说道："商业模式。"

在投资中，商业模式的地位排在第一档。长期来看，一家具有优秀商业模式的企业的投资回报率比一家具有平庸商业模式的企业要高得多。那么什么是商业模式呢？简单来说，商业模式就是企业盈利的模式。

一般来说，如果投资者能回答以下几个问题就代表投资者理解了一家企业的商业模式了。这家企业的客户是哪些人？这家企业满足了客户什么样的需求？这家企业是通过什么样的产品或服务来满足客户需求的？这家企业的产品或服务其他企业能否提供？

不同行业的企业商业模式是不一样的，食品饮料行业的商业模式与信息技术行业的商业模式是不一样的。同一行业中的企业商业模式也可能是不一样的，互联网行业中的百度、阿里巴巴、腾讯控股商业模式各不相同。

本章分为四节具体讨论了什么样的商业模式是优秀的商业模式。第一节为"护城河"，主要讲述了企业的竞争壁垒在哪里，竞争壁垒可以打造差异化的商业模式，一家拥有"护城河"的企业可以提供其他企业不能提供的产品或服务。第二节为行业格局与成长空间，主要讲述了不同行业格局中企业的成长空间。第三节为轻资产与重资产，在这一节中比较了轻资产企业和重资产企业不同的商业模式。第四节为单一化与多元化，在这一节中讨论了企业单一化经营和多元化经营的优劣。

第二章　商业模式

"护城河"

沃伦·巴菲特在1993年致股东的信中首次提出了"护城河"概念："最近几年可口可乐和吉列剃须刀在全球的市场份额实际上还在增加。他们的品牌威力、他们的产品特性以及销售实力，赋予他们一种巨大的竞争优势，在他们的经济堡垒周围形成了一条'护城河'。相比之下，一般的公司在没有这样的保护之下奋战。"

那么什么是企业的"护城河"呢？"护城河"是相对于同业竞争者来说的，指企业的竞争壁垒。通俗一点来讲就是我做的事情你做不了，或者你在长时间内做不了，或者即使你做了也没我做得好。简单来说就是八个字：人无我有，人有我优。

一家企业的"护城河"不是一朝一夕形成的。"护城河"是不体现在财务报表上的，但是一家拥有"护城河"的企业则有很高的投资价值。在其余条件相同的情况下，一家有"护城河"的公司竞争力是远远胜于没有"护城河"的公司的。

"护城河"保证了企业的可持续发展，从而保证了企业未来现金流的确定性。因为"护城河"的形成是需要时间的，无论是同业竞争者还是潜在竞争者，要攻破一家企业的"护城河"也不是一两天就可以做到的。我们不会看到"今年线上线下渠道还在卖可口可乐和贵州茅台，明年就下架"这样的情况。我们也不会今天还在用微信、QQ，明天就不用这个平台跟人社交了。只要用户离不开企业，那么用户的存在就会给公司创造利润。

正所谓买公司就是买公司未来的现金流折现，有"护城河"的公司在估值上相对来说容易一些。因为门槛是确定的，而成长是难预测的。一家没有"护城河"的高增长企业业绩是难以预测的，因为公司业绩受产业链上下游、宏观

价值投资要义

经济、潜在竞争对手等多方面因素影响，今年增长30%，明年是否也能增长30%很值得考量。

很多企业财务报表中连续几年的高增长仅仅因为企业所在行业发展比较景气，而企业本身相对于同业来说则没有什么竞争壁垒，但是任何一个行业都是有生命周期的。如果过了行业的成长期，行业内企业开始分高低的时候，之前的站在"风口上"没有"护城河"的企业是否还能保持高增长是一个难题。

新产业、安图生物、迈克生物等体外诊断企业（In Vitro Diagnosis，简称IVD）是因为中国体外诊断行业国内市场空间很大并且国产替代是趋势才有了近几年比较高的利润增速，我们来看下这三家公司2017—2021年的利润表。

年份	2017	2018	2019	2020	2021
新产业归母净利润（亿元）	5.38	6.94	7.73	9.39	9.74
同比增减	19.15%	28.95%	11.33%	21.56%	3.68%
安图生物归母净利润（亿元）	4.47	5.63	7.74	7.48	9.74
同比增减	27.68%	25.98%	37.61%	-3.41%	30.20%
迈克生物归母净利润（亿元）	3.74	4.45	5.25	7.94	9.57
同比增减	19.91%	18.92%	18.06%	51.15%	20.49%

来源：新产业、安图生物、迈克生物年度报告

虽然利润增长率很高，但是国内的IVD企业相对于国际巨头罗氏、丹纳赫等来说并没有技术优势，所占的市场份额也少得可怜。不仅如此，新冠疫情蔓延也助推了国内IVD业绩的增长。

新产业、安图生物、迈克生物等国内IVD企业虽然有很高的增长，但是相对于同业来说没有"护城河"。在国内，无论是化学发光技术还是基因测序，都不存在谁完全领先谁的局面。高增长的背后如果没有"护城河"就没法保持接下来现金流的稳定性。

第二章　商业模式

常见"护城河"类型

因为"护城河"不直接体现在财务报表上,所以我们投资者最主要的工作是识别公司的"护城河"。我们需要判断哪些公司有"护城河"?这家公司的"护城河"是什么?"护城河"深不深?这家公司的"护城河"是真"护城河"还是假"护城河"?下面,我们列举几个常见的"护城河"类型。

一、无形资产

无形资产包括品牌、专利、秘方和特许经营权。

1. 品牌

品牌资产看上去是个很虚无缥缈的东西,但是公司花费在品牌上的销售费用却是实实在在的,品牌给公司带来的利润也是实实在在的。不是说所有的品牌都能给公司带来利润,也不是说所有的品牌都是公司的"护城河"。跟其他车企一样的配置,BBA 的车卖得贵些,消费者依旧会去买,但是消费者也几乎都知道诺基亚手机,现在却少有人再买。

对于投资者来说,看一家公司的品牌资产主要从品牌知名度、品牌认知度和品牌忠诚度三个角度考虑。品牌知名度说的是大家知不知道这个品牌,品牌认知度说的是大家觉得这个品牌怎么样,品牌忠诚度说的是大家是否忠于这个品牌、是否会转向其他品牌。

一家公司的品牌建设可以分为三步:品牌知名→品牌认知→品牌忠诚。这也很好理解,一家公司的品牌首先要有一定的知名度,让客户知道这家公司的产品和服务,有了知名度以后,客户开始对该公司的品牌进行认知,客户认可后,会进行购买并使用,随着时间的推移,客户成为该公司品牌的忠诚消费者。

其中,品牌忠诚是品牌建设的最后阶段。品牌忠诚度也是最能彰显品牌价值的,是与公司利润最密切相关的一个要素,也是品牌资产中最核心的要素。

那么投资者怎么看一家公司有没有很强的品牌忠诚度呢?有一个最简单的方法就是看公司的产品和服务有没有提价权。拥有提价权的公司,可以将产品定期提价,提价之后销量还不减少,用户愿意买单。提价权是公司的核心竞争力,也能直接给股东带来丰厚的利润。当客户不断地消费公司的产品和服务以

价值投资要义

后，客户往往会对该产品和服务形成较高的依赖。有了用户黏性以后，公司就有了提价权。

最常见的例子就是贵州茅台，作为酱香型白酒的代表，茅台的口味别的白酒都没有，只有茅台能带给客户那种感觉，所以茅台的涨价幅度可以超过通货膨胀，所以飞天茅台涨到三千元以上还会被疯抢。因为茅台就是茅台，五粮液、泸州老窖、洋河等其他白酒都代替不了。

客户在一开始挑选产品的时候是很勤快的，他们会不断地寻找同类产品并比较它们的优缺点，但是当客户习惯上使用这款产品的时候，就开始变得懒惰了，他们不会轻易更换自己原先经常使用的产品，比方说喝惯了可口可乐的人不会轻易地更换成百事可乐，这时候品牌忠诚度就体现出来了。

巴菲特在演讲中曾经举过关于可口可乐提价的例子，他说可口可乐可以提价1美分，这对可口可乐来说没有难度，涨1美分也不贵。查理·芒格举过一个口香糖的例子："如果你喜欢箭牌口香糖，你会因为它的售价是25美分，而葛罗兹口香糖只有20美分，就把你不了解的东西放进嘴里吗？"

虽然目前国际上有很多机构可以定量地算出一家公司的品牌价值，但是对于投资者来说只需要做到定性的分析即可。在考量一家公司是否有高的品牌价值的时候，投资者不妨问一问自己：这家公司的产品和服务能不能收取比同类竞争者更高的价格？如果不能，那么这家公司的品牌价值就还不够高。

品牌这项无形资产一般在消费股中体现得最为明显。可口可乐如果没有"可口可乐"这个品牌，只是一款可乐而已，放在货架上和其余的可乐相比没有任何竞争力。如果去掉可口可乐的标签，绝大多数人根本喝不出来可口可乐和百事可乐。品牌可以说是可口可乐最重要的资产，没有之一。可口可乐第二任董事长罗伯特·伍德鲁夫有一句经典名言："如果我的工厂被大火烧毁，如果遭遇世界金融风暴，只要有可口可乐的品牌，第二天我又将重新站起。"

茅台也是如此，很多人其实根本没有喝过茅台，但是大家都知道茅台是中国最好的白酒，这就是茅台的品牌价值。如果把茅台掺到二锅头里，消费者不一定喝得出来。

到了消费电子行业，品牌资产的价值就要弱化了。因为相对于虚名，消费电子的使用价值要高一些。海康威视之所以能成为全球安防龙头，是因为它的

第二章　商业模式

摄像头分辨率高。

智能手机也是如此。如果把苹果的标签去掉，苹果依旧是一款很好用的手机，销量不会减少很多，价格也不会下降很多。虽然在品牌资产价值弱化的消费电子行业，苹果却在2013年首次超过可口可乐成为全球品牌价值第一的公司。在2021年，苹果依旧是全球最有品牌价值的公司。

2016年巴菲特开始建仓苹果并不断加仓成伯克希尔的重仓股，对外声称是将苹果作为消费股来投资的。巴菲特对于科技股的投资是非常谨慎的，但是苹果作为消费电子行业有消费属性在里面。不仅如此，苹果作为消费股有很高的品牌价值，老巴不一定看得懂苹果的科技，但是苹果品牌价值不断彰显，消费者源源不断地买入苹果的产品，老巴就看得懂它的商业模式了。

医药行业中的创新药和仿制药等子行业几乎是没有品牌价值的。生物科技是高研发行业，更新换代比较快，医药更加注重的是疗效，所以品牌价值就会被弱化。如果一颗新药可以让我多活十几年，我一定会放弃原来的老药。如果新药能治好原来老药治不好的病，那么新药就会被疯抢，老药就会被抛弃。

但中药子行业因为带有消费属性，反而具备品牌价值。云南白药和片仔癀这两家中药龙头就是典例。根据2021年胡润医疗健康品牌价值排行榜，片仔癀品牌价值为510亿元，云南白药品牌价值为280亿元。云南白药品牌作为"疗伤圣药"，公司药品事业部的白药膏、白药气雾剂和创口贴等产品在消费者心中已经和"止血化瘀"挂上了钩。有了"止血化瘀"的品牌价值之后，公司推出含有云南白药活性成分的牙膏，云南白药牙膏具有减轻牙龈出血和牙龈肿痛的功效。因为牙膏和云南白药本来的"止血化瘀"品牌相关，所以成为国内牙膏老大。随后公司的健康产品事业部推出的养元青洗发水、千草堂沐浴露等大健康领域产品因为与"止血化瘀"不相关，在市场上地位一直不高。

因为市场消费者觉得云南白药的品牌是与"止血化瘀"紧密相连，所以愿意为云南白药的止血化瘀类产品付费，而不愿意为云南白药的其他产品付费，这就是品牌的力量。在消费者心里，与其选择养元青洗发水，不如选择宝洁的海飞丝；与其选择千草堂沐浴露，不如选择强生。

2. 专利

专利权是知识产权的一种，是公司利用法律手段保护自己不受同业竞争者

价值投资要义

攻击的,但是专利一旦到期,就会被进攻。从我个人的角度来说,我不建议投资者在分析企业的时候将专利作为公司的主要"护城河",因为不太牢靠。

专利"护城河"在医药和科技两个行业里比较容易找到。

先看医药行业,医药行业中的创新药毛利率极其高,以创新药龙头恒瑞医药为例,公司2017—2021年毛利率如下表所示。

年份	2017	2018	2019	2020	2021
毛利率	86.63%	86.60%	87.49%	87.93%	85.56%

来源:东方财富

为什么创新药毛利率这么高?因为生产药物本身的直接成本是很低的,但直接成本低并不代表可以卖得便宜。创新药研发是一个非常烧钱的事情,是典型的三高:高技术、高投入、高风险。创新药公司研发费用投入巨大,研发周期也比较长,还极有可能失败。所以当新药研发成功的时候,药企需要一段时间的专利期来保护自己不受同业进攻以此来回收高额的研发成本。在中国,药品的发明专利专利期是20年。专利期过后,竞争对手就会过来分一杯羹。尽管专利权到期后可以延长,但是会遭受很多律师的攻击,因为利润实在是很丰厚。

再看科技行业。很多人觉得高科技形成的专利会构成"护城河",认为高科技会形成竞争壁垒,科技含量不高的企业一定没有"护城河"。其实不是这个道理,首先高科技产品和服务不一定在日常生活中被人们所需要。一家公司的产品最重要的利润来源还是客户,客户是使用其产品和服务并不在乎该产品和服务的科技含量。大家使用苹果手机是因为苹果手机性能比较好,他们并不在乎苹果有多少专利。其次,科技行业的公司虽然拥有很多专利来抵抗同业竞争者,但是往往颠覆该公司地位的是潜在竞争者,比方说诺基亚。

3. 秘方

公司拥有秘方也是重要的无形资产,但是秘方形成的"护城河"也很浅。

公司拥有某个产品的秘方并不代表同业生产不出相同的产品,比方说可口可乐。可口可乐之所以有秘方是因为可口可乐早期就是一种秘方药。当时很流行秘方药,因为秘方药可以掩盖制作的低成本。可口可乐的秘方不是可口可乐的"护城河",因为同业也可以生产相同的产品,比方说百事可乐和非常可乐。

在前文提到过，可口可乐最核心的"护城河"是它的品牌，可口可乐已经成为美国文化的象征。

秘方是一成不变的，但是客户的需求却在一直变化。云南白药和片仔癀是国家绝密级配方，保密期限为永久。受绝密级配方"护城河"的保护，云南白药和片仔癀的中央产品不会受到集采政策的影响，但是云南白药和片仔癀仅仅依靠配方是无法成为市值过千亿的中药龙头的，这两家企业之所以能成长如此迅速，是因为它们进军大健康领域以满足新时代消费者的需求。

4. 特许经营权

特许经营权是指由权力当局授予个人或法人实体的一项特权。通俗来说，就是政府只允许少数企业去经营某些行业，比方说电信、铁路等公用事业。通信三大运营商中国移动、中国电信、中国联通就是很好的例子。

特许经营权是条优缺点很明显的"护城河"，因为特许经营权来源于政府，所以优缺点也是来源于政府。特许经营权的优点就是拥有特许经营权的企业直接利用政策优势独占了该行业。

特许经营权的缺点有两点。缺点之一就是企业往往没有定价权和提价权，因为价格往往是由政府决定的，比方说手机卡套餐、电价等，所以说投资者在考虑公司拥有特许经营权的时候也要考虑利润增长带给股东的回报。比方说中国移动2017—2021年的利润增长率就不高。

年份	2017	2018	2019	2020	2021
归母净利润（亿元）	1142.79	1177.81	1066.41	1078.43	1161.48
同比增减	5.09%	3.06%	−9.46%	1.13%	7.70%

来源：中国移动H股年度报告

不过也有一些拥有特许经营权的企业有定价权，比方说中国中免，中国中免免税店里的烟草、酒水、化妆品等产品是没有政府指导价格的。

缺点之二就是政府的政策也是动态变化的，需要投资者持续关注。比方说中国中免的免税业务虽然享受着特许经营权，但是如果政府未来取消中国中免的专营权，那么中国中免的"护城河"就消失了。假如"护城河"消失导致投资逻辑变化，公司股价往往会一泻千里。

二、转换成本

转换成本这个词最早是由迈克尔·波特在1980年提出的，指的是当消费者从一个产品或服务的提供者转向另一个提供者时所产生的一次性成本，这种成本不仅仅是经济上的，也包括时间、精力和情感上的。高转换成本可以将客户长期留下并持续不断地消费公司的产品或服务。

转换成本应该是所有"护城河"里最难识别的一条，也是投资者最容易识别错的一条，它需要投资者代入客户角色去深入体验公司的产品和服务并且了解客户的需求，从而判断客户转换成本的高低。投资者需要判断：客户从可口可乐转换到百事可乐的成本高不高？大家聚会必须得喝茅台吗？换成五粮液不可以吗？如果没有很深的用户体验，投资者很难识别出转换成本，也容易识别错转换成本。

手机号就是生活中比较常见的高转换成本例子，手机号不仅仅涉及手机通讯录，它还往往与银行卡、网站账号、支付宝、微信等绑定，客户更换手机号的转换成本比较高。微信号、QQ号也是如此，一旦更换，之前的好友就要全部加回来，非常不方便。

普遍来说，软件行业的转换成本比较高，因为软件系统的开发基本上是为对应的客户专门定制的。软件系统的开发一般包括需求分析、功能设计、系统架构、软件开发、技术测试、功能测试、质量管理等步骤，里面投入的人工和时间成本比较高，开发出的系统往往针对性比较强。虽然开发后的系统可以通过后期迭代去进行一定的改造和升级去满足客户新的需求，但是也不会有翻天覆地的改动，除非老系统已经无法适应新时代了，比方说诺基亚的塞班系统。不仅如此，客户用惯了一个系统以后往往对该系统产生了一定的依赖性，换了一套陌生的系统之后就不太适应。

苹果的iOS系统就是很好的例子，用惯了苹果手机的用户去用安卓系统就会不太适应。虽然微软的Windows系统经常出现漏洞需要打补丁，不是一个比较完美的系统，但是用户还是离不开它。金融终端中的彭博和万得也是研究员常用的软件，用习惯了以后往往不会更换。

A股里的恒生电子也是如此。恒生电子做零售和资管的IT系统，这些券

第二章　商业模式

商和银行的系统往往涉及资金的往来和客户信息的存储，都是非常重要的交易和信息，如果轻易更换出错，损失就很大，所以恒生电子的毛利率高达70%至90%。

软件系统高转换成本的"护城河"也不是牢不可破，竞争对手只要开发出一套让用户体验比较相似的系统即可突破。微软的OFFICE需要用户经过长时间的学习才能掌握Word、Excal、PPT等功能，微软的OFFICE先抢占了市场，所以市占率一直比苹果推出的Pages、Numbers、Keynote办公软件高，但是金山办公的WPS的功能和界面和OFFICE很相似，所以也抢占了一定的市场。

移动APP因为开发周期短，开发相对比较容易，转换成本就比较低。买家在淘宝上买不到的东西就去京东买，滴滴打不到车了就去曹操出行和T3出行打。

消费股里的调味品往往都有着高转换成本。用惯了海天酱油的人往往不会轻易更换成其他品牌的酱油。涪陵榨菜作为佐菜也有自己的利基市场，只是榨菜是可选调味品销量年化增长率只有4%左右，而提价空间又比较有限，所以未来成长性不高。

零售行业的转换成本就很低了，主要因为零售提供的商品没有差异化。永辉超市和润泰集团的大润发里的商品几乎都是一样的，客户对零售商店的选择更倾向于选择地理位置比较近的。

航空行业也是低转换成本的代表性行业，消费者在购买机票的时候，不会特别在意是中国国航的航班还是南方航空的航班，更在意价格和时间。

前文提到的中国中免转换成本是很低的，因为客户不是冲着中国中免的免税店品牌来的，而是冲着免税店里的化妆品、奢侈品等商品来的，而客户通过跨境电商、代购、出境购买等渠道一样可以体会到相同的产品和服务。爱奇艺、腾讯视频、优酷、芒果超媒、B站等这些长视频平台转换成本也是很低的，哪家平台提供的内容优质去哪家平台看。

虽然转换成本比较难识别，但也不是一点规律都没有。一般来说，周期性行业的转换成本还是比较低的，比方说银行、券商、化工等行业，因为周期性行业提供的都是同质化的服务。客户可以在工商银行存钱，也可以在建设银行存钱，实际上没有什么区别，现在跨行转账也是免手续费的。券商也是一样的，客户在券商开户往往是朝着低佣金去的，哪家券商给的佣金低去哪家券商。开车在中国石油或者中国石化加油差别也不大。

三、网络效应

网络效应是一条非常神奇的"护城河"，指随着企业用户人数的增加，企业的产品或服务的价值也在不断提高，反之亦然。网络效应形成的"护城河"往往是一开始价值不显著，但是后期价值会出现爆发式的增长。

电话就是一个很好的例子，假如只有一个人拥有电话，电话的价值几乎为零，但当大家都在用电话的时候，电话的价值就体现出来了。

一般来说，互联网行业普遍具有网络效应，比方说腾讯控股、阿里巴巴、百度、字节跳动等。微信、QQ因为具有先发优势，提前抢占了市场，所以大家都在用微信、QQ聊天。虽然开发一款聊天软件技术要求不高并且现在很多软件都有聊天的功能，比方说支付宝也有聊天功能，但是大家还是习惯用微信和QQ，不会换成其他的社交工具。淘宝也是如此，淘宝上买家多了，就会吸引卖家开店，卖家开店多了，买家就会更多。抖音上看短视频的用户多了，就会有更多的用户发短视频。

网络效应的特性导致存在网络效应的企业只能是行业龙头，用户用了这家企业的产品或服务以后就不会去用其他企业的产品或服务，有A就不能有B。现在的互联网就因为网络效应形成了少数几家企业独大的格局。比方说随着微信MAU和DAU的上升，微信的价值就会上升，其他社交工具的价值就会下降，那么就只有微信能存活下来。

四、规模优势

规模优势就是四个字：越大越强。当企业的规模超过了竞争对手的规模时，企业就有了优势。当企业的规模足够大覆盖面足够广的时候，就形成了进入该行业的壁垒。强者恒强，大吃小，小被吃。

规模优势也是有规律的，一般来说，很多行业龙头都具有规模优势作为"护城河"，比方说调味品龙头海天味业和全球安防龙头海康威视。

第二章　商业模式

楼宇广告是一个没有技术含量低门槛的行业，但是楼宇广告龙头分众传媒能在将近二十年的时间里做到一家独大就是因为其规模优势，当一家楼宇广告公司超过分众营收5%的时候，分众就会打压和收购它。

当然，不是所有行业的公司规模变大之后都有规模优势，因为越大不一定代表着越强。企业大不大很容易就能看出来，我们要仔细分析这家企业是否因为变大而变得更强。

比方说餐饮业就不具备规模优势的特点。餐饮业里面的火锅因为可复制性比较强往往容易形成规模化、标准化和工业化的连锁店面。海底捞和呷哺呷哺规模很大，很多人都知道它们的火锅品牌，但是海底捞和呷哺呷哺扩张店数有没有使得海底捞变强呢？在一个街道里开一家海底捞或者呷哺呷哺需要的租金和人工费用和其余店面是一样的，不仅如此，海底捞或者呷哺呷哺的单店和它街道周围的店面相比不一定有什么优势，当海底捞或呷哺呷哺排队过长的时候，人们就去别的店消费了，可替代性太强。

制造业也需要仔细分析企业的规模是否带来规模优势。海康威视作为全球安防龙头有行业内最强的研发能力并且能承受高昂的研发费用，它有很强的技术优势，这也一定程度上带来了海康的规模优势。而有些制造业里面企业并不掌握着核心技术和核心零部件。对于制造业来说，核心技术和核心零部件才是关键。除了比较火的半导体行业不具备核心技术之外，覆铜板老二生益科技也是如此。生益科技规模很大，能做到刚性覆铜板全球第二，但是大而不强。高频高速覆铜板市场份额还是在罗杰斯、松下等公司手里。

企业有了规模优势以后，消费者往往选择权就变少了，所以规模优势往往带来了边际成本递减和提价权。大家都卖100元的产品或服务，我的成本只有80，而你的成本却要90，你就没有我赚钱。大家成本都是80元，但是我可以卖100元，你只能卖90元，你就没有我赚钱。

规模优势分为全局规模优势和区域规模优势。全局规模优势比较好理解，我们来仔细分析一下区域规模优势。局部规模优势往往出现在一些运输成本比较高的"短腿"行业中，比方说水泥和啤酒行业，这就会造成这这些行业会出现区域龙头。海螺水泥的产能主要集中在中东部，主要销售区域是华东和华南地区。青岛啤酒主要收入和利润来源在基地市场山东，2020年青岛啤酒山东区域收入和净利润占比一半以上。

也不是所有区域性龙头的规模优势都是它们的"护城河",比方说次高端白酒古井贡酒和今世缘。古井贡酒在安徽市占率排名第一,今世缘是苏酒老二,它们都是省内收入占比很高的白酒企业,我们更应该关注它们省外市场拓展情况。

五、成本优势

成本优势是说同样的产品或服务我的成本更低一些,所以我能赚钱而能不能赚钱。前文中提到过,规模优势往往可以带来企业的边际成本递减。巴菲特投资的可口可乐就是如此,可口可乐销售区域广并且销量也很大,所以跟上下游的议价能力就强。这样相对于同业竞争者,可口可乐就可以把成本控制得更低,如果新竞争者也想要做可乐这门生意,即使研发出相似口味的可乐,成本也会高很多,零售价也不会低,消费者就不会购买了。可口可乐的成本优势有效地防止了要新进入可乐生意的竞争者带来的威胁,久而久之,就不会有公司再去挑战可口可乐,可口可乐也因此确立了独占地位。美的集团和格力电器也是通过规模优势集中采购原材料来控制成本。

海螺水泥也有着成本优势的"护城河",水泥虽然同质化极高,但是海螺水泥的运输成本和生产成本相对于同业来说是比较低的。海螺水泥所在的安徽省芜湖市就在长江边上,长江水路运输成本是比较低廉的。不仅如此,海螺水泥利用长江流域的石灰石和煤炭资源降低了生产水泥的吨成本。

企业的"护城河"不是单一存在的,之间往往有因果关系,比方说网络效应可以带来高转换成本,规模优势可以带来成本优势等。有些企业的"护城河"只有一条,比方说分众传媒只有规模优势,中国中免只有特许经营权。有些企业的"护城河"则有很多条,比方说可口可乐有无形资产和成本优势。只有一条"护城河"的企业往往竞争壁垒不高,拥有多条"护城河"的企业往往竞争壁垒比较高,同业竞争者很难撼动其地位。

以上仅仅是列举了几个常见的"护城河"类型,"护城河"不仅仅是上面列的这几种,我们要把一家企业看作是独立的个体,具体企业具体分析。茅台酒的酿造需要当地的地理位置和空气,具有不可复制性,所以就有了"离开茅台镇就产不出茅台酒"的说法。青菜头虽然集中在重庆和浙江地区，但是青菜头产量一直是供过于求的，只要企业有条件都可以收购廉价的青菜头，涪陵榨菜没有办法独占，所以涪陵的地理位置不是涪陵榨菜的"护城河"。爱奇艺、优酷、腾讯视频等长视频企业的"护城河"是内容，能提供优质的内容是长视频企业的核心和壁垒。上海机场的"护城河"是国际客流，上海是国际性都市，国际客流量是深圳机场、白云机场等机场无法比拟的，这也是上海机场议价权的来源。

"护城河"也不是一成不变的，企业的"护城河"是一个动态变化的过程，我们需要对企业和商业世界持续关注。新商业新事物新技术的出现可能会导致企业原有的竞争壁垒发生变化。2020年新冠疫情暴发对上海机场的国际客流造成了毁灭性的冲击，国际航班几乎停滞。没有了国际客流让上海机场失去了和中国中免的议价能力，"护城河"受到冲击后，股价也下跌不少。

不仅如此，很多企业虽然有"护城河"，但是企业是低增长的，这样的企业投资的意义也不大，企业的增长速度可以从利润表中直接看出。这样的企业基本上有两种。第一种是企业所在的行业已经进入成熟期了，很难有高速的增长。第二种是因为企业没有定价权，而量上已经见顶。比方说海螺水泥有着成本优势，但是2019—2020年归母净利润增长率不高、2021—2023年归母净利润同比下滑（见下表），那么就没有必要投资。

年份	2019	2020	2021	2022	2023
归母净利润（亿元）	335.93	351.58	332.68	156.61	104.30
同比增减	12.67%	4.66%	−5.38%	−52.92%	−33.40%

来源：海螺水泥年度报告

同理，也不是说没有"护城河"的企业就不能投资。芒格投资比亚迪的时候，新能源汽车技术不是很成熟，比亚迪几乎没有"护城河"，但是新能源汽车是未来的大方向，所以投资收益率也很高。

常见假"护城河"类型

企业拥有的某些因素看似是企业的"护城河"，实际上并不能有效地防止同业竞争者的进攻，下面就列举了常见的假"护城河"类型。

1. 优秀的管理层

格力电器的董明珠、新东方的俞敏洪、福耀玻璃的曹德旺、阿里巴巴的马云、腾讯控股的马化腾、字节跳动的张一鸣等都是中国非常优秀的企业家，但是这些优秀的管理层却不是一家企业的"护城河"，因为管理层会跳槽或者退休，不可能永远管理一家公司。

2. 先发优势

先发优势往往代表企业是市场的发现者和先驱，会先抢占市场并获得客户资源，但是先发不一定制人，后来居上的例子也很多。

3. 高市占率

具有规模优势的企业往往具有高市占率，但是高市占率不是企业的"护城河"。一方面，新兴行业的出现可能会颠覆原有企业，比方说诺基亚、柯达当时市占率就很高。另一方面，如果企业所在行业进入门槛很低的话，市场份额是比较容易抢夺的。楼宇广告就是一个竞争壁垒比较低的行业，分众传媒虽然是楼宇广告龙头，但不能以高市占率作为分众传媒的"护城河"。

假"护城河"也是有规律的，因为"护城河"是商业模式的一种，如果一个因素不属于商业模式，那么它就不是"护城河"。

波特五力模型

"护城河"是相对于同业竞争者来说分析企业竞争优势的，这和迈克尔·波特的波特五力模型非常类似。巴菲特也在2000年伯克希尔股东大会上提到他的想法和迈克尔·波特的类似性。巴菲特说道："我对波特非常了解，我很明白我们的想法是相似的。他在书中写道，长期的可持续竞争优势是任何企业经营的核心，而这一点与我们所想的完全相同。这正是投资的关键所在。理解这一点的最佳途径是研究分析那些已经取得长期的可持续竞争优势的企业。问问你自己，为什么在吉列公司称霸的剃须刀行业根本没有新的进入者。"

波特五力模型中的五力分别是：同行业内现有竞争者的竞争能力、潜在竞争者进入的能力、替代品的替代能力、供应商的讨价还价能力和购买者的议价能力。

无论是巴菲特的"护城河"理论还是波特五力模型，它们都仅仅是用来针对同业竞争者的，而要分析一家企业往往要考虑很多因素，所以它们还具有一定的局限性。

首先，企业的产品或服务是卖给客户的，客户是最重要的，投资者不应该只关注公司的同业竞争者的情况，更需要的是关注客户的需求，客户所想才是最重要的。

其次，巴菲特的"护城河"理论和波特五力模型仅仅考虑了同业竞争者以及上下游的力，也就是仅仅考虑了外力，忽略了企业的内力，而内力往往也很重要。试想一下，一个中学生有很重视教育的父母、有好的学区地段、有教学水平很高的老师，这个中学生一定能考上好的大学吗？不一定，因为这个好的条件仅仅是外力，该学生自己是否努力才是最重要的。企业同样如此。一家企业的管理层战略眼光、企业文化、公司治理能力等都是企业的内力，这些往往对企业的发展起着举足轻重的作用，尤其是对初创型公司而言。

最后，虽然巴菲特的"护城河"理论和波特五力模型考虑的外力也是不全的。它们并没有考虑政治、经济、社会等外力，而往往这些外力不仅仅影响企业的经营和发展，甚至直接影响到公司的股价，直接影响投资者是否赚钱。比方说2020年的新冠疫情、互联网行业的反垄断政策、教育行业的"双减"政策等。

价值投资要义

行业格局与成长空间

我们之前讨论了巴菲特的"护城河"理论,"护城河"强调更多的是门槛,但是有门槛不一定有成长,投资者投的是企业未来的成长。企业的成长最直接的表现就是利润的增长,市场最关心的是企业扣非净利润的增长,这是企业长期股价上涨最核心的要素。与巴菲特的"护城河"理论结合,投资者投资公司时应更倾向于既有门槛又有成长的好企业。这就要考量行业格局和成长空间。

在分析行业格局时,我们通常会去看行业是竞争的还是垄断的,竞争的行业集中度低,垄断的行业集中度高。经济学上将市场分为四种类型:完全竞争、垄断竞争、寡头垄断和完全垄断。

```
     寡头垄断           完全竞争
            \         /
            市场类型
            /         \
     完全垄断           垄断竞争
```

先看完全竞争市场。完全竞争市场是指一个行业中有非常多的生产销售企业,它们都以同样的方式向市场提供同类的、标准化产品的市场。完全竞争是一种理想的状态,买卖双方都是价格的接收者,任何一个厂商都可以自由地进出市场。判断完全竞争市场的关键就是看该行业里公司提供的产品或服务是否是无差别的。

完全竞争是一种非常理想的状态,现实生活中几乎没有实例,如果非要举例,那么农林牧渔行业是经济学里最接近完全竞争市场的行业。农林牧渔行业里有许多买方和卖方,买方和卖方都是价格的接收者,竞争地位平等。不仅如此,农林牧渔行业产品几乎是同质化的,我们认为青菜、香樟、黄牛、鲫鱼等产品差异化不大。

第二章 商业模式

正因为完全竞争市场价格由市场的供给和需求决定,所以农林牧渔行业中会出现一种叫"猪周期"的经济现象,中国生猪价格呈现周期性波动。中国生猪养殖行业主要以散户养殖为主,标准化规模养殖程度较低,生猪产量起伏不定。猪周期的循环轨迹为:猪肉价格上涨→养殖利润增加→母猪存栏量增加→生猪供应增加→猪肉价格下跌→养殖利润下降→母猪存栏量下降→生猪供应减少→猪肉价格上涨。

以猪肉价格上涨为起点,2006年以来,中国生猪养殖行业经历了四轮猪周期,第一轮为2006年7月至2009年5月(35个月),第二轮为2009年5月至2014年4月(59个月),第三轮为2014年4月至2018年5月(49个月),第四轮为2018年5月至2021年10月(41个月)。一般3~4年为一个完整的猪周期,大周期中包含若干个小周期。

我们可以通过牧原股份2017—2021年的业绩看出生猪养殖行业的周期性变化,各项指标的同比增减幅度直观地展示了牧原股份业绩波动的大小。我们可以看出2017年牧原股份的ROE缩水一半左右,2018年牧原股份的ROE、归母净利润、扣非净利润同比减少80%~90%,2019年牧原股份的ROE、归母净利润、扣非净利润翻了10倍以上,2020年牧原股份的ROE翻了1倍以上、归母净利润和扣非净利润翻了3倍以上,2021年牧原股份的ROE、归母净利润、扣非净利润又大幅缩水70%~80%左右。

年份	2017	2018	2019	2020	2021
ROE(%)	28.12	2.84	35.28	74.43	12.91
同比增减	-44.58%	-89.90%	1142.25%	110.97%	-82.65%
归母净利润(亿元)	23.66	5.20	61.14	274.51	69.04
同比增减	1.88%	-78.01%	1075.37%	348.97%	-74.85%
扣非净利润(亿元)	23.70	4.62	59.38	273.27	67.85
同比增减	2.94%	-80.53%	1186.55%	360.24%	-75.17%
经营现金流(亿元)	17.87	13.58	99.89	231.86	162.95
同比增减	39.35%	-24.03%	635.74%	132.12%	-29.72%

来源:牧原股份年度报告

价值投资要义

再看垄断竞争市场。垄断竞争市场是指许多厂商生产相近，但不同质量的商品市场，是介于完全竞争和完全垄断的两个极端市场结构的中间状态。垄断竞争市场里的公司提供的产品或服务是相近的，但是略有差别。垄断竞争市场头部企业垄断程度比较小，比较接近完全竞争市场。

银行现在在走金融科技转型之路，需要很多软件公司提供信息化服务，如宇信科技、神州信息、南天信息、京北方等。这些软件公司给国有银行、股份制银行和城商行提供的服务基本是同质化的，这就是比较典型的垄断竞争市场。

珠宝首饰行业也是典型的垄断竞争市场。周大福、老凤祥、周大生等企业虽然成立较早，门店数量也比较多，但是人们在周大福购买的珠宝首饰和在老凤祥、周大生买到的几乎没有区别，珠宝首饰行业很难实现差异化竞争。

由于完全竞争过于理想、寡头垄断和完全垄断不太容易，所以垄断竞争是大多数行业的状况。

再看寡头垄断市场。寡头垄断市场是介于完全垄断和垄断竞争之间的一种市场模式，是指某种产品的绝大部分由少数几家大企业控制的市场。中国移动、中国电信、中国联通三大运营商寡头垄断了中国绝大部分电信运营服务市场。可乐目前是可口可乐和百事可乐形成双寡头垄断。常温奶由伊利股份和蒙牛乳业双寡头垄断。三方支付C端由支付宝和微信双寡头垄断。空调也是被格力电器和美的集团形成垄断。

最后再看完全垄断市场。完全垄断市场指在市场上只存在一个供给者和众多需求者的市场结构。一般来说，政府不会让一家民营企业完全垄断某一市场。如果有一家民营企业垄断了某一市场，往往会迎来政府的反垄断。不过出于国家和社会的需要，政府可以完全垄断某一市场，比方说国家电网、中国烟草、香港交易所等企业，所以说现实生活中完全垄断市场只有一种：政府垄断。

完全竞争、垄断竞争、寡头垄断和完全垄断是对一个行业的行业格局进行定性分析，那么有没有一个指标可以定量地衡量一个行业的行业格局呢？有的，行业集中度（Concentration Ratio，简称CR）就是用来衡量整个行业是竞争还是垄断的量化指标。从完全竞争到完全垄断，行业集中度逐渐提高，完全竞争市场行业集中度最低，完全垄断市场行业集中度最高。

我们一般取行业里前4家或前8家所占市场份额的总和（CR4或CR8）来

第二章　商业模式

看这个行业是竞争的还是垄断的。CR4 或 CR8 越小，说明行业越趋向于竞争。反之，CR4 或 CR8 越大，说明行业越趋向于垄断。根据美国经济学家贝恩和日本通产省的划分标准，可以将 CR8 < 40% 的市场划分为竞争型，将 CR8 ≥ 40% 的市场划分为寡占型。

接下来我们就来看看一些行业的行业集中度。

先看最接近于完全竞争市场的生猪养殖行业。根据《全国农产品成本收益资料汇编》数据，2022 年中国生猪养殖行业 CR10 为 20.4%，而 2022 年美国生猪养殖行业 CR10 为 56.4%。相比于中国，美国生猪养殖更加专业化、规模化，行业集中度也远远高于中国。

公司	牧原股份	正大食品	温氏股份	正邦科技	新希望	德康	天邦食品	双胞胎	傲农生物	扬翔股份
市场份额	6.4%	2.6%	2.5%	2.3%	2.3%	1.0%	0.9%	0.9%	0.8%	0.7%

来源：《全国农产品成本收益资料汇编》

再看垄断竞争市场。

根据国际数据公司（International Data Corporation，简称 IDC）数据，2020 年银行 IT 市场 CR3 为 14.3%、CR5 为 21.0%。

公司	中金电信	宇信科技	神州信息	南天信息	长亮科技
市场份额	5.9%	4.3%	4.1%	3.8%	2.9%

来源：国际数据公司

根据欧睿数据，2022 年中国内地珠宝首饰市场 CR5 为 28%。

公司	周大福	老凤祥	老庙	卡地亚	周大生	周生生	蒂芙尼	六福
市场份额	12%	8%	4%	2%	2%	2%	1%	1%

来源：欧睿

再看寡头垄断市场。

根据欧睿数据，2020 年常温奶行业 CR2 约为 86%，未来大概率还是会呈现伊

价值投资要义

利股份和蒙牛乳业双寡头竞争格局。虽然相对于蒙牛乳业,伊利股份在渠道、管理上具有优势,但是两家公司尚未完全拉开差距。从财务数据上我们可以直观地看出,伊利股份和蒙牛乳业毛利率差不多,而伊利股份的净利率略高于蒙牛乳业。

伊利股份					
年份	2018	2019	2020	2021	2022
毛利率	37.82%	37.35%	35.97%	30.62%	32.26%
净利率	8.11%	7.70%	7.33%	7.90%	7.57%
蒙牛乳业					
年份	2018	2019	2020	2021	2022
毛利率	37.38%	37.55%	37.65%	36.75%	35.30%
净利率	4.64%	5.44%	4.61%	5.63%	5.60%

来源:伊利股份、蒙牛乳业年度报告

根据百川盈孚数据,中国炼化行业 CR2 为 55%,中国炼化行业由中国石化、中国石油双寡头垄断。

公司	中国石化	中国石油	中国海洋石油
市场份额	32%	23%	5%

来源:百川盈孚

根据欧睿数据,高端酱油行业 CR5 为 83%。海天味业市场份额最高,达到 27%;李锦记排名第二,市场份额为 20%。

公司	海天味业	李锦记	厨邦	欣和	千禾味业
市场份额	27%	20%	15%	15%	6%

来源:欧睿

最后再看完全垄断市场。由于一家企业完全垄断某一行业,所以完全垄断市场的 CR1 为 100%。

我们可以看出寡头垄断和完全垄断的市场比较好投资,因为不少垄断企业拥有投资者最喜欢的"护城河",但是市场呈现寡头垄断或者完全垄断以后企

第二章　商业模式

还有很大的成长空间吗？不一定。房地产进入深度调整期以后，房地产企业不拿地盖楼了，空调装在哪里？微信 MAU 超过 12 亿以后还有增量空间吗？淘宝 MAU 破 7 亿后成交量还会有很大提升吗？

一个市场出现垄断企业往往代表着这个市场进入了成熟期。一个行业，没有经过长时间的发展，没有企业之间多年的争斗，是不会出现垄断者的。当行业里出现垄断者的时候，有一定的可能这个行业已经进入了存量竞争的时代。

那么怎么判断一个行业里的企业还有没有成长空间呢？一般来说，只要满足下面两点，这家企业是会有成长空间的。

第一，看这个行业里企业的产品或服务是不是重复性消费的，重复性消费代表着产品或服务是持续不断地被人需要，重复性消费可以使企业在"量"上面打开成长空间。农林牧渔、食品饮料、医药生物行业都属于典型的重复性消费行业，猪肉鸡肉吃完以后还会再吃，白酒啤酒牛奶喝完以后还会再喝，酱油用完以后还会再买。

而有些行业则要看情况，比方说消费电子行业。我们先看消费电子行业中的智能手机，一般来说，智能手机的换机周期为 18 个月，不过这也不是绝对的，实际换机周期可能会根据消费者的需求有所变化。随着智能手机行业走向成熟，智能手机也变得经久耐用，一部智能手机使用 3~5 年也不会影响用户的使用体验，随着技术进步的放缓，用户可能会延长换机周期。再看安防行业，一般来说，安防设备的更换周期为 3~5 年，这一方面来源于安防设备的自然老化，另一方面来源于安防技术的更新迭代。

房地产行业、空调行业、汽车行业更换周期则比较长、更换频率也不太高。我们先看房地产行业。一般来说，房地产的更换周期长达 20 年左右。一个房子从建造到装修再到居住需要好几年的时间，普通老百姓不会随意更换房子。对于普通老百姓来说，更换房子的机会成本也比较高。再看空调行业，空调安装属性较差，安装后基本上不会轻易更换，空调的使用寿命在 10 年左右，所以空调的更换周期也在 10 年左右。最后再看汽车行业，汽车整车和零部件的更换周期是不同的。整车更换周期要长一些，一辆汽车可以开 30 万公里至 50 万公里。不过有些零部件的更换周期则要短一些，比方说轮胎的更换周期为 5 万公里至 8 万公里。部分汽车零部件维修成本和更换成本比较高，汽车行业里有一个叫零整比系数的

价值投资要义

概念，零整比系数指车辆配件价格总和与整车销售价格的比值，一般来说，零整比系数会超过100%。我们认为像房子、空调、汽车整车等更换周期较长的产品或服务不属于重复性消费，这些产品或服务在量上比较容易趋向于饱和。

第二，看这个行业里企业的产品或服务有没有提价权。提价权是推动企业利润增长另一个比较重要的因素，拥有提价权可以使企业在"价"上面打开成长空间。关于提价权这一点我们在《"护城河"》里提到过，举了贵州茅台和可口可乐的例子。其实很多同质化行业里的企业是没有提价权的，比方说中低端快递行业、乳制品行业、银行业、证券业、保险业等。

先看中低端快递行业。我们会发现中低端快递行业经常出现价格战的情况，中低端快递下游需求主要来源于电商，企业会用降低价格的方式抢占市场份额，只要有一家快递公司主动降价，其他快递公司不得不跟随，这样的无序竞争会引来政府"有形之手"。中高端快递市场则不同，中高端快递的客户对服务要求比较高，他们不会为了省钱而降低服务体验，所以中高端快递市场价格比较稳定。

再看乳制品行业。虽然常温奶是由伊利股份和蒙牛乳业双寡头垄断，但是伊利股份和蒙牛乳业是没有提价权的。伊利股份和蒙牛乳业有着高昂的销售费用，2018—2022年伊利股份的销售费用率在20%左右，蒙牛乳业的销售费用率在25%左右。

伊利股份					
年份	2018	2019	2020	2021	2022
营业收入（亿元）	795.53	902.23	968.86	1105.95	1231.71
销售费用（亿元）	197.73	210.70	215.38	193.15	229.08
销售费用率	25.04%	23.41%	22.31%	17.54%	18.67%
蒙牛乳业					
年份	2018	2019	2020	2021	2022
营业收入（亿元）	689.77	790.30	760.35	881.41	925.93
销售费用（亿元）	188.33	215.36	215.41	234.88	223.47
销售费用率	27.30%	27.25%	28.33%	26.65%	24.13%

来源：伊利股份、蒙牛乳业年度报告

第二章　商业模式

虽然伊利股份和蒙牛乳业已经是全国化的品牌了，但乳制品行业同质化比较严重。乳制品的销量并非通过品牌拉动，而是通过广告拉动。从博弈论的角度来说，伊利股份和蒙牛乳业作为双寡头的一方都不敢贸然降低销售费用，如果一方降低销售费用，另外一方就有可能成为老大，从而两家公司陷入囚徒困境。

当然，在同质化的乳制品行业中保持一定的销售费用对于潜在竞争者有一定的威慑作用，潜在竞争者看到伊利股份和蒙牛乳业这样的乳制品巨头还在不断地投放广告，有一定的可能性会放弃进入该市场。

在 A 股中拥有提价权的企业比较少，贵州茅台算是一家。此外，片仔癀也算是一家拥有提价权的企业。片仔癀系列产品涉及的原料包括麝香、牛黄、蛇胆、三七等中药材，其中麝香来源于国家一级保护动物麝，非常稀缺，只有国家准入的企业才能合法使用天然麝香。随着天然麝香的日益紧缺，人工养麝逐步发展起来，片仔癀也自建养麝基地以保证麝香原料的稳定性。不过人工养麝技术尚未完全成熟，繁殖率低、死亡率高，所以未来五年内，中国麝香还是会呈现供不应求的状态。

由于原材料的稀缺性，片仔癀可以借原材料和人工成本上涨为由不断提高内销和外销的产品价格，我们来看下片仔癀的历史调价记录。

先看内销价格调整。片仔癀在 2007 年 3 月、2007 年 11 月、2010 年 1 月、2010 年 12 月、2011 年 10 月、2012 年 6 月、2012 年 11 月、2016 年 6 月、2017 年 5 月、2020 年 1 月、2023 年 5 月发布过关于调高主导产品片仔癀国内价格的公告。再看外销价格调整。片仔癀在 2007 年 1 月、2008 年 3 月、2010 年 12 月、2011 年 10 月、2012 年 6 月、2012 年 11 月、2013 年 9 月、2017 年 7 月、2020 年 1 月、2023 年 5 月发布过关于调高主导产品片仔癀国外价格的公告。

提价会推动片仔癀业绩的增长，片仔癀于 2003 年上市，2003 年片仔癀的归母净利润为 0.60 亿元左右，而 2022 年片仔癀的归母净利润为 24.72 亿元左右，归母净利润翻了约 41 倍。

为什么说行业内企业的产品或服务是重复性消费和具有提价权就意味着企业有成长空间呢？因为成长空间归根结底是由两个因素决定的，一个是量，一个是价。一个行业量价齐升是投资者最喜欢的情况，一般来说量价齐升现象会

价值投资要义

出现在行业的高速成长期。如果量上没有增长，这家企业的产品或服务能提价也可以。如果价格提不上去，企业的产品或服务能提高销量也不错。如果量和价的增长都停滞了，那么这家企业的利润增长就进入了瓶颈期。

从行业格局和成长空间来看，我们可以将行业划分为四类：

行业格局垄断 ^ 有成长空间

行业格局竞争 ^ 有成长空间

行业格局垄断 ^ 无成长空间

行业格局竞争 ^ 无成长空间

("^"表示"且"的意思)

其实我们投资者最想投资的是"行业格局垄断 ^ 有成长空间"的行业，因为垄断代表着行业里的企业具有一定的竞争优势，成长代表着行业里的企业有较高的利润增长率。不仅如此，行业集中度高往往让投资者选择标的比较清晰，所以对于投资者来说"行业格局垄断 ^ 有成长空间"的行业是完完全全可以重仓投资的，这也就是我们投资者最喜欢的长坡厚雪行业。巴菲特曾经说过："人生就像滚雪球，最重要的是发现很湿的雪和很长的坡。"对于投资者来说，我们需要将资金投入那些长坡厚雪行业里的企业，享受着资金的复利。

白酒行业里的高端白酒行业就是"行业格局垄断 ^ 有成长空间"行业的典例。白酒行业是上苍给予中国投资者最好的赠品，甚至连很多不在股票市场投资的人都知道白酒行业的投资价值。白酒行业的投资价值很大程度上是由中国的酒文化和白酒的社交属性决定的。

白酒分为高端、次高端、中端和低端四种。如何区分白酒是高端、次高端、中端和低端呢？答案很简单：价格。高端白酒（含超高端）的价格一般在800元以上；次高端白酒的价格在300到800元；中端白酒的价格在100到300元；低端白酒的价格在0到100元。

随着GDP的上升，居民收入持续增加，消费能力不断增强，健康意识普遍提高，人们慢慢有了"少喝酒，喝好酒"的理念，中低端白酒因为不符合健康消费的趋势，总体的产量和销量都在逐年下滑，所以中低端白酒就不在投资者考虑的范围内。投资者仅需考虑高端白酒和次高端白酒即可。

第二章 商业模式

高端白酒企业以贵州茅台、五粮液和泸州老窖三家为主，三家公司主打的高端产品分别为飞天、"普五"和国窖 1573。因为高端白酒市场常年被"茅五泸"垄断，所以高端白酒的 CR3 一直在 90% 以上，行业集中度非常高，是典型的寡头垄断市场。

那么，垄断型的高端白酒市场还有成长空间吗？有的。事实上高端白酒一直是呈现供不应求的状态，我们从茅台飞天在电商平台被疯抢就可以看得出来，很多人一直处于买不到茅台的状态。这种"不缺酒，但长期缺好酒"的状态应该还会持续下去。

根据国家统计局数据，2017—2022 年中国白酒行业产量在不断减少，从 2017 年的 1198 万千升下降到 2022 年的 671 万千升。

年份	2017	2018	2019	2020	2021	2022
中国白酒产量（万千升）	1198	871	786	741	716	671

来源：国家统计局

此外，根据国家统计局数据，2017—2022 年中国规模以上白酒企业数量也呈下滑趋势，从 2017 年的 1593 家下降到 2022 年的 963 家。

年份	2017	2018	2019	2020	2021	2022
中国规模以上白酒企业数量	1593	1445	1176	1040	965	963

来源：国家统计局

从量的角度看，中国白酒行业产量规模在不断收缩，但是淘汰的基本上都是低端产能，高端白酒企业还在不断扩建产能的道路上。从价的角度看，2017—2022 年规模以上白酒企业吨价 CAGR 达到 15.9%，呈现出持续增长的态势。

高端白酒行业未来在量和价上都有着充足的空间，从"茅五泸"的营收和净利润的增长率中我们也可以看出这一点。考虑到贵州茅台的利润增长率我们之前已经列过了，我们可以看下五粮液和泸州老窖 2017—2021 年的归母净利润和扣非净利润的增长率。

价值投资要义

五粮液					
年份	2017	2018	2019	2020	2021
营业收入（亿元）	301.87	400.30	501.18	573.21	662.09
同比增减	22.99%	32.61%	25.20%	14.37%	15.51%
归母净利润（亿元）	96.74	133.84	174.02	199.55	233.77
同比增减	42.58%	38.36%	30.02%	14.67%	17.15%
扣非净利润（亿元）	96.42	133.99	174.06	199.95	233.28
同比增减	43.40%	38.96%	29.91%	14.87%	16.67%
经营现金流（亿元）	97.66	123.17	231.12	146.98	267.75
同比增减	-16.51%	26.12%	87.64%	-36.40%	82.16%
泸州老窖					
年份	2017	2018	2019	2020	2021
营业收入（亿元）	103.95	130.55	158.17	166.53	206.42
同比增减	20.50%	25.60%	21.15%	5.28%	23.96%
归母净利润（亿元）	25.58	34.86	46.42	60.06	79.56
同比增减	30.69%	36.27%	33.17%	29.38%	32.47%
扣非净利润（亿元）	25.40	34.83	46.01	59.91	78.84
同比增减	31.09%	37.15%	32.09%	30.21%	31.61%
经营现金流（亿元）	37.04	42.98	48.42	49.16	76.99
同比增减	34.70%	16.04%	12.65%	1.54%	56.60%

来源：五粮液、泸州老窖年度报告

次高端白酒企业有洋河股份、古井贡酒、今世缘、山西汾酒等企业，相比于高端白酒企业，次高端白酒企业则分散很多，很多往往是区域名酒：洋河股

第二章　商业模式

份是苏酒老大，古井贡酒是徽酒龙头。次高端白酒 CR3 虽然不到 40%，但是成长空间很广阔，所以次高端白酒属于"行业格局竞争^有成长空间"行业。甚至有的次高端白酒企业 2017—2021 年的利润增长率远超"茅五泸"，比方说山西汾酒，我们可以看下山西汾酒 2017—2021 年的营业收入、归母净利润、扣非净利润和经营现金流及其增长率。

年份	2017	2018	2019	2020	2021
营业收入（亿元）	63.61	94.44	118.93	139.90	199.71
同比增减	44.42%	48.46%	25.92%	17.63%	42.75%
归母净利润（亿元）	9.52	15.07	19.69	30.79	53.14
同比增减	57.39%	58.24%	30.65%	56.39%	72.56%
扣非净利润（亿元）	9.43	14.63	19.09	30.43	52.59
同比增减	56.38%	55.24%	30.47%	59.41%	72.81%
经营现金流（亿元）	9.75	9.56	29.74	20.10	76.45
同比增减	66.46%	-2.01%	211.19%	-32.42%	280.39%

来源：山西汾酒年度报告

因为次高端白酒行业格局比较分散，所以次高端白酒行业的投资难度是大于高端白酒的，投资者需要思考次高端白酒企业是否能够全国化，品牌是否能够被全国接受，比方说今世缘和古井贡酒等白酒企业就有省内收入占比过重的特点。

高端白酒行业和次高端白酒行业经历这么多年的发展依然有成长空间，原因在于企业提供的是重复性消费且有提价权的产品。高端白酒行业和次高端白酒行业的重复性消费比较好理解，酒喝下肚子里就没有了，需要重复性购买。只要有消费者购买，酒企就会生产。再说高端白酒行业和次高端白酒行业的提价权，为什么贵州茅台、五粮液等白酒企业的产品价格不断上涨依然有人购买？因为白酒是有社交属性的，它更多关系着人们的"面子"问题。酒是拿在桌上大家一起喝的，一瓶飞天茅台和一瓶二锅头摆在桌上的价值是不一样的。

价值投资要义

说完"行业格局垄断^有成长空间"和"行业格局竞争^有成长空间"的例子，我们再来看看"行业格局垄断^无成长空间"的例子。"行业格局垄断^无成长空间"意味着企业经过长期发展有了自己的垄断地位，但是在量和价上都没有可以提升的空间，利润增长就会出现停滞的现象，空调行业就是如此。

2007年以后空调行业CR2超过了50%，形成了格力和美的双寡头垄断的格局。空调行业位于房地产产业链的下游，人们买了房，才会去买空调，出货受房地产影响较大，所以空调行业与房地产行业的业绩是呈现正相关性的，一般来说，空调行业的业绩是落后于房地产行业的业绩1~2年。现在地产周期下行，人们不再买房，那么空调接下来几年的需求也会很疲软。

空调行业之所以很难回到过去的高增长很大程度上是因为空调消费频次低，一个家庭不可能年年买空调，前文说过空调的更换周期在10年左右，它不属于重复性消费产品。需求减少以后，即使垄断了空调行业，空调价格也提不上去。

楼宇广告的业绩跟房地产也有一定的相关性，不过楼宇广告行业和空调行业还是不一样的。楼宇广告量上虽然因为房地产的调控不再有成长空间，但是广告签约是重复性消费，楼建完了不能再建，但广告合同签完了可以再签。楼宇广告行业中分众传媒一家独大，CR1约为75%。楼宇广告市场被垄断以后，分众传媒就拥有了提价权，在价上就有了空间，所以楼宇广告行业属于"行业格局垄断^有成长空间"的行业，只是成长空间不如以前广阔。

既然我们一直提到房地产，那房地产行业是竞争的还是垄断的呢？目前来说，房地产是"行业格局竞争^无成长空间"的行业。房地产在这两年行业集中度不断下滑，CR5从2020年一季度的20%左右下滑到2022年一季度的10%左右，市场也是持续低迷。

房地产的现金流是跟土地息息相关的，房地产企业现金流的循环轨迹为"拿地→建房→卖房回款→拿地→建房"，而一个城市土地资源是有限的，如果没有了新地来建房，那么房地产的现金流就会阻断。对于房地产行业来说，最重要的就是地段，但是一线城市和新一线城市核心地段是有限的，当核心地段被开发完以后留给房地产企业的成长空间也就不大了。

第二章　商业模式

轻资产与重资产

什么样的公司是轻资产公司？什么样的公司是重资产公司？答案很简单：有形资产占比小的公司为轻资产公司，反之则为重资产公司。

什么是有形资产？有形资产是指那些具有实物形态的资产，主要包括房屋、机器、设备等资产。

简单起见，投资者在上市公司年度报告里只需关注以下两个栏目即可：一个是固定资产，还有一个是在建工程。我们可以粗略地将"固定资产＋在建工程"跟有形资产划上等号。

下面解释一下固定资产和在建工程。固定资产是指为生产商品、提供劳务、出租或经营管理而持有的，使用年限超过一年，单位价值较高的有形资产。在建工程是指为建造或修理固定资产而进行的各项建筑和安装工程。这两项都是显而易见的实物资产。

其实判断一家公司是轻资产的商业模式还是重资产的商业模式很重要，但是会计上并没有明确的轻重划分标准。考虑到2018年以后资产负债表中的工程物资就并入到了在建工程一栏里，所以我的划分标准非常简单：有形资产占比$\leq 20\%$是标准的轻资产企业，有形资产占比$\geq 30\%$是标准的重资产企业。当然，市场上也会用归母净利润／有形资产与社会平均资本回报率作比较，如果一家公司的归母净利润／有形资产显著高于社会平均资本回报率，道理也很简单，在创造相同的归母净利润的情况下，如果使用的有形资产越少，那么就代表这家公司越轻。

那么是轻资产的公司好还是重资产的公司好呢？

请各位投资者思考一下，从以下四家公司中选取一家公司投资：贵州茅台、分众传媒、上海机场、中国神华，表中固定资产、在建工程和总资产数据均取

价值投资要义

自四家公司 2021 年年度报告。

公司	固定资产（亿元）	在建工程（亿元）	总资产（亿元）	有形资产占比
贵州茅台	174.72	23.22	2551.68	8%
分众传媒	9.150	0.05	255.55	4%
上海机场	180.20	12.61	514.26	37%
中国神华	2380.26	262.01	6070.52	44%

来源：公司年度报告

贵州茅台和分众传媒是比较典型的轻资产企业，它们拥有的厂房、生产设备、原材料等有形资产比较少。上海机场和中国神华则属于重资产企业，一个是机场老大，另一个是煤炭龙头。

考虑到还有一种划分方式，我们也可以看下贵州茅台、分众传媒、上海机场和中国神华归母净利润/有形资产与社会平均资本回报率比较的数据。其中，考虑到上海机场 2020 年和 2021 年归母净利润为负，我们取上海机场 2019 年的归母净利润和有形资产数据，其余三家公司均取 2021 年数据，社会平均资本回报率我们以两倍银行贷款标准利率毛估。

公司	归母净利润	有形资产	归母净利润/有形资产	社会平均回报率	类型
贵州茅台	524.60	197.94	265%	6%×2=12%	轻资产
分众传媒	60.63	9.20	659%	6%×2=12%	轻资产
上海机场	50.30	202.34	25%	6%×2=12%	重资产
中国神华	502.69	2642.27	19%	6%×2=12%	重资产

来源：公司年度报告

轻资产企业往往进入壁垒和退出壁垒都很低。试想要进入轻资产行业不需要很多的启动资金去购买厂房和设备，同业要进入就相对容易一些。轻资产企业没有很多有形资产，公司的运营效率也高很多，主要依赖品牌、专利等获取利润。反之，重资产企业进入和退出该行业的机会成本就大得多，运营效率也低一些。重资产企业获取利润主要依靠厂房、设备等有形资产。

第二章　商业模式

　　轻资产的商业模式和重资产的商业模式本身没有好坏之分，轻资产和重资产的企业各有优势和劣势，不过从我个人角度而言，我更喜欢轻资产的企业。原因如下：一，伟大的企业几乎全是轻资产的，比如可口可乐、耐克、苹果、贵州茅台、腾讯控股。二，查理·芒格比较讨厌重资产企业，所以伯克希尔·哈撒韦投资的企业基本上是轻资产的。

　　在《穷查理宝典》里，查理·芒格举过一个选择优秀企业的例子。有这么两类企业：第一类每年赚12%，你到年底可以把利润拿走。第二类每年赚12%，但所有多余的现金必须进行再投资——它总是没有分红。这让我想起了那个卖建筑设备的家伙——他望着那些从购买新设备的客户手里吃进的二手机器，并说："我所有的利润都在那里了，在院子里生锈。"我们讨厌那种企业。

　　重资产企业就是查理·芒格说的第二类，它有两个缺点。第一个缺点是重资产企业的利润不能直接分给股东，重资产企业如果要扩大生产以增加利润则需要利润再投入去更新和购买厂房、设备等有形资产。第二个缺点是如果重资产企业的利润不能够覆盖有形资产的折旧就会亏损。比方说上海机场买了一个机械设备花了2000万元，可以用10年，每年折旧200万元。假设10年后同样的一个机械设备需要4000万元，比10年前贵2000万元。如果在这10年里上海机场赚取的利润不足2000万元，就会亏损，相当于这10年白干了。

　　轻资产企业的市净率普遍都比较高，重资产企业的市净率普遍都比较低，所以不能用市净率去评估一家轻资产企业的价值。贵州茅台和分众传媒的市净率常年高于上海机场和中国神华。

　　其实市净率估值更多的是用于烟蒂股投资中，投资者需要用市净率去考量一家企业是否破净以发现投资机会。而在衡量企业是否优秀的时候投资者更应该看重它的盈利能力，所以投资者在选择成长股的时候用市盈率估值更靠谱一些。

　　白酒行业属于轻资产行业。高端白酒行业中的贵州茅台、五粮液、泸州老窖以及次高端白酒行业中的山西汾酒、洋河股份、古井贡酒、今世缘等都是轻资产企业。我们取各公司2021年年度报告数据来看一下白酒行业有形资产占比。

价值投资要义

公司	固定资产（亿元）	在建工程（亿元）	总资产（亿元）	有形资产占比
贵州茅台	174.72	23.22	2551.68	8%
五粮液	56.10	26.46	1356.21	6%
泸州老窖	80.89	12.60	432.12	22%
山西汾酒	22.47	2.47	299.55	8%
洋河股份	62.76	5.25	677.99	10%
古井贡酒	19.84	10.64	254.18	12%
今世缘	12.94	7.26	144.34	14%

来源：公司年度报告

除了泸州老窖以外，表中高端白酒和次高端白酒企业的有形资产占比都小于20%。泸州老窖有形资产占比较高主要是公司2016年的酿酒工程技改项目所导致的。该技改项目的效益计算期为15年（包含建设期），全部投资内部收益率（税后）18.18%，全部投资动态回收期（税后，投产起算）为7.45年，预计15年可累计实现销售收入6820300.00万元，累计实现利润总额1816856.70万元。

不过后期因为原材料价格的上涨、项目用地和建筑面积的增加，公司又针对此技改项目增加了投资。2020年6月2日泸州老窖发布《关于增加酿酒工程技改项目投资的公告》，该公告称拟在原有投资计划上增加约14.6亿元的投资。

投资增加以后，项目用地和建筑面积增加，储酒能力提升，全部投资内部收益率下降，全部投资动态回收期增加，预计15年累计实现销售收入增加，利润总额减少。

主要效益预计指标对比表		
名称	原测算	增加投资后测算
全部投资内部收益率（税后）	18.18%	14.59%
全部投资动态回收期（税后）	7.45年	9.50年
预计15年累计实现销售收入（万元）	6820300.00	6988000.00
预计15年累计实现利润总额（万元）	1816856.70	1743794.74

来源：泸州老窖股份有限公司关于增加酿酒工程技改项目投资的公告

2016年以来，白酒行业呈现出"整体产能过剩，优质产能不足"的状态。

第二章　商业模式

根据 Wind 数据，自 2017 年以后，规模以上白酒企业数量逐渐减少，但规模以上白酒企业累计实现的利润总额却在增长，这主要原因是低端白酒产能过剩，而高端白酒产能稀缺。

2016 年泸州老窖的酿酒工程技改项目第一期于 2020 年完成，第二期预计 2025 年完成，本次技改项目将不仅有助于公司置换出中端酒产能，还可以扩建高端白酒产能，预计 2025 年第二期技改项目完成后国窖 1573 成品酒产能可以达到 2 万吨，这对于公司后期营收和净利润的再增长是有益处的。

下面我们再来看看比较典型的重资产行业。

航空机场行业是重资产行业的代表，考虑到航空业和机场业商业模式不同，我们将两者分开讨论。先说机场业，机场业的商业模式是运营管理机场，主要收入分为航空收入和非航空收入，航空收入来源于机场提供的与飞机、旅客、货物的相关服务，非航空收入来源于免税业务、租赁业务、广告业务等。机场业的商业模式决定了它有着较高的有形资产占比，我们取各公司 2021 年年度报告数据来具体看下。

公司	固定资产（亿元）	在建工程（亿元）	总资产（亿元）	有形资产占比
上海机场	180.20	12.61	514.26	37%
白云机场	193.99	6.89	275.45	73%
深圳机场	138.50	1.50	263.30	53%

来源：公司年度报告

对于机场来说最重要的就是流量，机场具备长期投资价值的前提就是流量增长。流量增长就会推动机场的盈利同步增长，当流量增长趋于饱和的时候，机场就会扩建，增加跑道、航站楼等固定资产的投资以提高机场的吞吐能力。近十年中国机场建设固定资产投资额每年都超过 400 亿元。

以上海机场为例，2015 年浦东机场三期扩建，工程建设 4 年左右，2019 年浦东机场三期扩建工程项目主体投入运营，目前可满足年旅客吞吐量 8000 万人次的运行需求。2022 年浦东机场四期扩建工程开工，完成后预计可以满足 2030 年浦东机场年旅客吞吐量 1.3 亿人次的需求。不仅如此，根据上海市政府的规划，2035 年浦东机场将成为拥有 5 座航站楼、8 条跑道的世界级航空枢纽，届

价值投资要义

时可以满足旅客吞吐量 1.6 亿人次的需求。

航空业的主营业务是航空运输，航空运输包括航空客运和航空货运，这就需要航空公司购买和维护大量的飞机，所以航空业的有形资产占比也很高，我们取各公司 2021 年年度报告数据来具体看下。

公司	固定资产（亿元）	在建工程（亿元）	总资产（亿元）	有形资产占比
中国国航	850.09	348.63	2984.15	40%
南方航空	908.17	318.69	3229.48	38%
中国东航	899.54	154.72	2865.48	37%
春秋航空	165.65	54.00	383.20	57%

来源：公司年度报告

虽然我个人比较偏爱轻资产行业，但是如果有重资产行业处于高速发展期并且估值处于合理位置，我也会考虑投资，比方说新能源汽车行业。

2011—2021 年中国新能源汽车产量和销量都呈现高速增长的趋势，行业规模也在不断扩大。根据中国汽车工业协会统计数据，中国新能源汽车产量从 2011 年的 0.84 万辆增长至 2021 年的 354.50 万辆，年均复合增长率高达 83.03%；新能源汽车销量从 2011 年的 0.82 万辆增长至 2021 年的 352.10 万辆，年均复合增长率高达 83.35%。2016—2021 年中国新能源汽车的渗透率也在不断提升，中国新能源汽车的渗透率从 2016 年的 1.8% 提升至 2021 年的 13.40%。

而根据 E.M. 罗杰斯所著的《创新的扩散》一书中的"创新扩散曲线"模型，当一个创新产品渗透率达到 10%~25% 时，将迎来最为陡峭的上升曲线。根据彭博新能源财经预测，2025 年中国新能源汽车销量将接近 1000 万辆，2040 年中国新能源汽车销量有望突破 2200 万辆。

新能源汽车行业产业链涉及的公司比较多，我们需要梳理整个新能源汽车行业的产业链以挖掘投资机会。新能源汽车产业链分为上游原材料、中游零部件、下游整车制造与后市场服务。

考虑到投资者离下游整车制造与后市场服务最近，理解也更直观，我们先看下游整车制造与后市场服务。下游整车制造目前比较成熟的企业就是比亚迪和特斯拉。特斯拉是美股，中国投资者买起来不太方便，而且特斯拉的市盈率

第二章 商业模式

高得离谱，实在是没有投资的必要。我们重点分析一下比亚迪。

比亚迪资产比较重，我们来看下2017—2021年比亚迪的有形资产占比。

年份	2017	2018	2019	2020	2021
固定资产（亿元）	432.45	436.79	494.43	545.85	612.21
在建工程（亿元）	77.36	96.84	106.75	61.12	202.77
总资产（亿元）	1780.99	1945.71	1956.42	2010.17	2957.80
有形资产占比	29%	27%	31%	30%	28%

来源：比亚迪年度报告

比亚迪有形资产占比较高的原因是垂直整合度高。垂直整合指合并两个在生产过程中处于不同层次的业务，它是一种提高或降低公司对于其投入和产出分配控制水平的方法。垂直整合分为向前整合和向后整合，向前整合指和生产过程的下一步进行合并，向后整合指和生产过程的上一步进行合并。比亚迪的业务覆盖面广，涉及半导体、动力电池、整车制造等业务，几乎可以覆盖一辆新能源汽车的全生命周期。

虽然比亚迪的营业收入和经营活动产生的现金流净额近年来同比增长不错，但是其归母净利润却一直看不出太多的成长性。不仅如此，比亚迪的估值也不便宜，从2021年1月4日至2022年12月31日，比亚迪市盈率（TTM）均值为187.91倍，所以也不是一个很好的投资标的。我们来看下2017—2021年比亚迪营收、归母净利润和经营现金流的情况。

年份	2017	2018	2019	2020	2021
营业收入（亿元）	1059.15	1300.55	1277.39	1565.98	2161.42
同比增减	2.36%	22.79%	−1.78%	22.59%	38.02%
归母净利润（亿元）	40.66	27.80	16.14	42.34	30.45
同比增减	−19.51%	−31.63%	−41.93%	162.27%	−28.08%
经营现金流（亿元）	65.79	125.23	147.41	453.93	654.67
同比增减	456.47%	90.35%	17.71%	207.93%	44.22%

来源：比亚迪年度报告

价值投资要义

新能源汽车后市场服务包括汽车充电服务、汽车换电服务、汽车保险服务、汽车租赁服务、汽车维修服务等服务。后市场服务种类众多,企业质量参差不齐,很多还是初创的小企业,不适合普通投资者投资。

再看中游。中游零部件分为传统零部件和核心零部件。不少投资者只关注新能源汽车的核心零部件:电池、电机、电控等,其实这些新兴核心零部件公司往往所在的行业格局不稳定、自身的财务数据不理想,投资价值不高。

反而一些传统零部件公司可以在汽车电动化转型的浪潮中受益,能够担任起新能源汽车产业链中的"最佳配角",福耀玻璃就是这样一家优秀的重资产公司。我们来看下2017—2021年福耀玻璃的有形资产占比。

年份	2017	2018	2019	2020	2021
固定资产(亿元)	111.52	136.30	145.20	142.60	145.02
在建工程(亿元)	33.67	29.37	29.01	23.54	19.77
总资产(亿元)	317.04	344.90	388.26	384.24	447.85
有形资产占比	46%	48%	45%	43%	37%

来源:福耀玻璃年度报告

虽然福耀玻璃重资产运营,但其"护城河"比较深。福耀玻璃为宾利、奔驰、宝马、奥迪等知名汽车品牌提供OEM配套服务。在中国汽车玻璃市场上,福耀玻璃市占率长期稳定在60%至70%;在国际汽车玻璃市场上,福耀玻璃2021年市占率达到31%。公司在同行业中具有规模优势、成本优势和技术优势,所以能在汽车新能源转型中充分受益。经过2019和2020年的利润下滑,福耀玻璃2021年归母净利润利润同比增长20.97%。

最后看上游原材料。上游原材料包括正极材料、负极材料、电解液和隔膜,其中锂电池隔膜企业是重资产运营的,我们以锂电池隔膜龙头企业恩捷股份为例来看看。考虑到恩捷股份2018年完成重大资产重组,通过收购上海恩捷90.08%的股权以拓展湿法隔膜业务,所以我们只看公司2018—2021年的有形资产占比即可。

年份	2018	2019	2020	2021
固定资产(亿元)	31.75	49.37	84.21	108.78

第二章　商业模式

续表

年份	2018	2019	2020	2021
在建工程（亿元）	10.44	15.54	16.40	17.53
总资产（亿元）	77.02	121.93	205.72	261.22
有形资产占比	55%	53%	49%	48%

来源：恩捷股份年度报告

隔膜行业的高速发展完全可以覆盖恩捷股份每年的折旧摊销，我们从公司2018—2021年高速增长的业绩就可以看出这一点。

年份	2018	同比增减	2019	同比增减	2020	同比增减	2021	同比增减
ROE	16.48%	69.20%	20.36%	23.54%	17.15%	-15.77%	21.85%	27.41%
营业收入	24.57亿	16.23%	31.60亿	28.57%	42.83亿	35.56%	79.82亿	86.37%
归母净利润	5.18亿	40.79%	8.50亿	63.92%	11.16亿	31.27%	27.18亿	143.60%
扣非净利润	3.18亿	125.52%	7.53亿	136.56%	9.91亿	31.57%	25.67亿	159.17%
经营现金流	1.71亿	-34.34%	7.63亿	346.32%	10.55亿	38.24%	14.19亿	34.45%

来源：恩捷股份年度报告

至此，新能源汽车产业链我们就梳理完了，考虑到新能源汽车产业链比较长，其实高速发展的重资产企业远远不止这几家。总的来说，高速发展且估值合理的重资产企业是可以投资的，关键就是要看行业的成长周期和企业的扩建产能能否共振，如果两者一致，那么投资者就可以考虑投资。

与之相对的，未来增速不高的重资产行业则不具备投资价值，比如过去几年产能过剩的钢铁行业。不过投资者要慎言夕阳行业，每个行业都有它自己的花季。不少投资者认为钢铁是夕阳产业，但是钢铁被称为"工业的粮食"，中国也是全球最大的钢铁消费国，中国的钢铁需求占全球的一半左右，只是供需结构一直处于调整阶段而已。

双碳政策出来以后，也有投资者觉得煤炭行业是夕阳产业。中国的资源特征是多煤、少气、贫油，这注定了未来较长的一段时间里煤炭还是会占据着中国能源结构的主体地位。不过随着供给侧改革的推进，煤炭行业由总量性去产能阶段转变成

价值投资要义

结构性去产能阶段。煤炭行业未来确实很难开启新的产能周期,所以煤炭企业大多都是高盈利高分红的模式,不将企业的净利润用于扩产,而是将其分给股东。

中国神华、陕西煤业等煤炭企业都实施大比例分红。

根据 2020 年 5 月 8 日中国神华发布的《2019 年度股东周年大会、2020 年第一次 A 股类别股东会会议资料》,在符合《公司章程》规定的情形下,2019—2021 年度每年以现金方式分配的利润不少于公司当年实现的归属于本公司股东的净利润的 50%。

根据 2020 年 9 月 19 日陕西煤业发布的《关于未来三年(2020—2022 年)股东回报规划的公告》,公司在当年盈利且累计未分配利润为正的情况下,采用现金方式分配股利,每年以现金方式分配的利润不少于当年实现的可供分配利润的 40% 且金额不低于 40 亿元。

我们来看下 2017—2021 年中国神华和陕西煤业的现金分红方案。

中国神华			
分红年度	现金分红的数额(百万元)	按中国企业会计准则分红年度合并报表中归属于本公司股东的净利润(百万元)	占合并报表中归属于本公司股东的净利润的比率
2017	18100	45037	40.2%
2018	17503	43867	39.9%
2019	25061	43250	57.9%
2020	35962	39170	91.8%
2021	50466	50269	100.4%
陕西煤业			
分红年度	现金分红的数额(百万元)	按中国企业会计准则分红年度合并报表中归属于本公司股东的净利润(百万元)	占合并报表中归属于本公司股东的净利润的比率
2017	4180	10449	40.0%
2018	3200	10993	29.1%
2019	3490	11643	30.0%
2020	7756	14883	52.1%
2021	13088	21140	61.9%

来源:中国神华、陕西煤业年度报告

第二章　商业模式

随着数字化时代的到来，不少行业开始轻资产转型，银行业就是一个典例。招商银行和平安银行就是股份制银行中轻资产转型的先驱。招商银行在2014年年度报告中提出打造"轻型银行"的理念，发力金融科技，不断加大信息科技投入，给零售金融、公司金融等业务条线提供IT服务解决方案。

为了夯实科技基础，提升数字化运营能力，招商银行近几年科技人才数量同比增长不少，目前招商银行科技人员占比10%左右，也就是说，招商银行十个人里面就有一个是科技人员。

年度	2017	2018	2019	2020	2021
研发人员	1698	2003	3253	8882	10043
总人员	72530	74590	84683	90867	103669
研发人员占比	2.34%	2.69%	3.84%	9.77%	9.69%

来源：招商银行年度报告

招商银行从2018年年度报告里开始披露信息科技投入，我们可以看出公司信息科技投入与业绩的增长呈现正相关性。

年度	2018	2019	2020	2021
营业收入（亿元）	2485.55	2697.03	2904.82	3312.53
同比增减	12.52%	8.51%	7.70%	14.04%
归母净利润（亿元）	805.60	928.67	973.42	1199.22
同比增减	14.84%	15.28%	4.82%	23.20%
信息科技投入（亿元）	65.02	93.61	119.12	132.91
同比增减	35.17%	43.97%	27.25%	11.58%

来源：招商银行年度报告

平安银行也是银行业中轻资产转型的代表，"科技银行"是平安银行的标签，金融科技赋能是平安银行轻资产转型的核心动力引擎。平安银行通过物联网、区块链、人工智能、大数据等技术在金融领域的创新应用持续打造标准化、智能化、轻型化网点，降低单网点成本，在2019年公司营业网点减租2.94万平方米。

价值投资要义

之前银行业讲究二八原则，得大户者得天下，而忽略了那 80% 的散户经济，数字化转型不仅有利于银行优化网点建设，打造网点生态圈，给予 20% 的大户更好的线下服务体验，提升网均盈利水平，还可以使得银行利用大数据聚焦和拓展零售长尾客群。不仅如此，银行业发力金融科技实现轻资产转型可以在业务模式上推动银行业各业务板块提升全线上化流程业务占比从而降低获客的边际成本。通过甩掉自身的资产"包袱"，招商银行和平安银行上演了"大象起舞"。

考虑到银行股的顺周期性，我们可以看下 2018—2021 年股价招商银行、平安银行股价变化。2019 年 1 月 4 日至 2021 年 6 月 25 日，招商银行 A 股起始价为 22.24 元，最终价为 52.71 元，涨跌幅为 136.96%；2019 年 1 月 4 日至 2021 年 6 月 25 日，平安银行起始价为 8.89 元，最终价为 22.95 元，涨跌幅为 158.00%。

第二章　商业模式

单一化与多元化

如果让投资者在格力电器和美的集团两家公司中选择一家投资,该怎么选?

投资中唯一不变的就是变化,在每一个时间点答案是不一样的。我们发现2015—2019年格力电器股价的涨跌幅比美的集团股价的涨跌幅要大一些,而2020—2022年美的集团股价的涨跌幅比格力电器股价的涨跌幅要大一些。

我们先来对比一下2015—2019年两家公司股价的变化。2015年1月5日至2019年12月31日,格力电器起始价为11.97元,最终价为52.80元,涨跌幅为341.18%;2015年1月5日至2019年12月31日,美的集团起始价为14.68元,最终价为53.89元,涨跌幅为267.01%。我们可以看出2015—2019年格力电器股价表现要好一些。

我们再来对比一下2020—2022年两家公司股价的变化。2020年1月2日至2022年12月30日,格力电器起始价为52.80元,最终价为31.43元,涨跌幅为-40.46%;2020年1月2日至2022年12月30日,美的集团起始价为53.89元,最终价为51.80元,涨跌幅为-3.88%。我们可以看出2020—2022年美的集团股价表现要好一些。

我们知道短期市场是投票机,长期市场是称重机,长期股价的涨跌幅跟公司业绩有很大关系。我们不妨来看看格力电器和美的集团的业绩表现,这样我们可以更加理解为什么投资者在2015—2019年会青睐格力电器,而在2020—2022年会青睐美的集团。

我们先来看看2015—2019年格力电器的业绩。

价值投资要义

年份	2015	2016	2017	2018	2019
营业收入（亿元）	1005.64	1101.13	1500.20	2000.24	2005.08
归母净利润（亿元）	125.32	154.21	224.02	262.03	246.97
扣非净利润（亿元）	123.14	156.01	211.70	255.81	241.72

来源：格力电器年度报告

我们再来看看2015—2019年美的集团的业绩。

年份	2015	2016	2017	2018	2019
营业收入（亿元）	1393.47	1598.42	2419.19	2618.20	2793.81
归母净利润（亿元）	127.07	146.84	172.84	202.31	242.11
扣非净利润（亿元）	109.11	134.93	156.14	200.58	227.24

来源：美的集团年度报告

我们可以看出2015—2019年在归母净利润和扣非净利润两项的增长上格力电器都要优于美的集团，所以市场愿意在2015—2019年给予格力电器更高的涨幅。

接下来我们来对比一下两家公司2020—2022年的业绩。

我们先来看看2020—2022年格力电器的业绩。

年份	2020	2021	2022
营业收入（亿元）	1704.97	1896.54	1901.51
归母净利润（亿元）	221.75	230.64	245.07
扣非净利润（亿元）	202.86	218.50	239.86

来源：格力电器年度报告

我们再来看看2020—2022年美的集团的业绩。

年份	2020	2021	2022
营业收入（亿元）	2857.10	3433.61	3457.09
归母净利润（亿元）	272.23	285.74	295.54
扣非净利润（亿元）	246.15	259.29	286.08

来源：美的集团年度报告

第二章 商业模式

我们可以看出2020—2022年美的集团在归母净利润和扣非净利润两项上实现了对格力电器的反超,所以市场也更加看好美的集团。

为什么格力电器和美的集团的业绩在不同时间段表现会不同呢?这与公司单一化经营和多元化经营有关。

我们来看下格力电器和美的集团的业务结构。2015—2018年格力电器主营业务中空调业务一直占据着公司80%的营业收入,2019年以后空调营收占比下降至70%左右,空调业务直接影响着格力电器的业绩。

年份	2015	2016	2017	2018	2019	2020	2021	2022
空调营收（亿元）	837.18	880.85	1234.10	1556.82	1386.65	1178.82	1317.13	1348.59
空调营收占比	85.65%	81.33%	83.22%	78.58%	69.99%	70.08%	70.11%	71.36%

来源：格力电器年度报告

而2015—2022年美的集团主营业务中空调业务占比只有40%左右,空调业务的好坏不会直接决定公司业绩的生死。

年份	2015	2016	2017	2018	2019	2020	2021	2022
空调营收（亿元）	644.92	687.26	953.52	1093.95	1196.07	1212.15	1418.79	1506.35
空调营收占比	46.58%	43.21%	39.61%	42.13%	42.99%	42.65%	41.58%	43.80%

来源：美的集团年度报告

我们从毛利率上可以很直观地看出在空调制造上格力电器领先于美的集团,所以在房地产上行周期中格力电器的业绩表现也比美的集团要好。

格力电器								
年份	2015	2016	2017	2018	2019	2020	2021	2022
空调业务毛利率	36.00%	38.54%	37.07%	36.48%	37.12%	34.32%	31.23%	32.44%

价值投资要义

续表

美的集团								
年份	2015	2016	2017	2018	2019	2020	2021	2022
空调业务毛利率	28.25%	30.56%	29.04%	30.63%	31.75%	24.16%	21.05%	22.84%

来源：格力电器、美的集团年度报告

不过近几年房地产需求不振，空调销量增速放缓，空调业务毛利率也跌至历史低点，这就导致了空调业务占比过重的格力电器业绩增长乏力。而美的集团多元化的优势就展现出来了，尽管在空调上美的集团做不过格力电器，但是公司消费电器等其他业务依旧可以在房地产不景气时带来增长。

虽然格力电器也在实施多元化战略并在近几年的年报中多次将自己与"多元化"三个字挂钩，但是迄今为止格力电器的多元化进程不太理想。2019 年以后格力电器开始披露其他业务的毛利率，其他业务的毛利率只有 4% 左右，换言之，公司在其他业务上的投入几乎没有产出。

年份	2019	2020	2021	2022
其他业务营收（亿元）	412.64	377.71	430.28	358.23
其他业务营收占比	20.82%	22.46%	22.90%	18.95%
毛利率	3.56%	3.87%	4.18%	4.50%

来源：格力电器年度报告

下面我们就来说说企业的单一化和多元化。本书涉及的相关概念如下图所示。

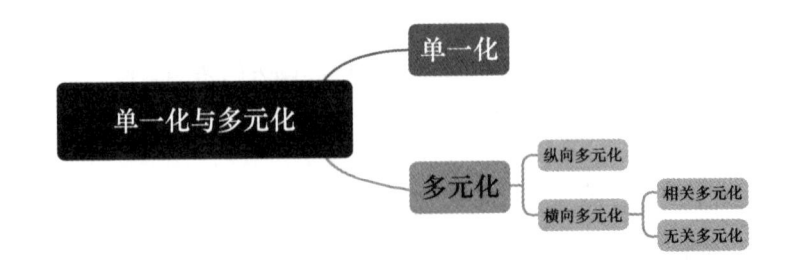

我们先看单一化经营。单一化经营指企业将自己的经营范围限定在某一种产品或服务上经营，比方说白酒企业只卖白酒，啤酒企业只卖啤酒。

第二章 商业模式

在 A 股中单一化经营的企业有很多。白酒行业中大多数白酒企业都是单一化经营的，贵州茅台、泸州老窖、山西汾酒等白酒企业的主营行业都是酒类，其他收入占比完全可以忽略。根据贵州茅台 2022 年年度报告，贵州茅台的主营行业中酒类收入占比超过 99%，贵州茅台的主营产品分为茅台酒和其他系列酒，其中，茅台酒的收入占比在 87% 左右，其他系列酒的收入占比在 13% 左右。

泸州老窖也是一家单一化经营的白酒企业。根据泸州老窖 2022 年年度报告，泸州老窖的主营行业中酒类收入占比超过 98%，泸州老窖的主营产品中中高档酒类收入占比在 88% 左右。

啤酒行业中青岛啤酒和重庆啤酒是单一化经营的。根据青岛啤酒 2022 年年度报告，青岛啤酒的主营行业中啤酒收入占比超过 98%，是一家标准的单一化经营的公司。

根据重庆啤酒 2022 年年度报告，重庆啤酒的主营行业中啤酒收入占比超过 97%，重庆啤酒的主营产品分为国际品牌和本土品牌，其中，国际品牌的收入占比在 35% 左右，本土品牌的收入占比在 63% 左右。

说完单一化经营，咱们再看多元化经营。

多元化经营指企业的经营范围不只局限于一种产品或一个产业。投资者要理解单一化经营的企业要容易一些，只需要关注该企业的主营业务即可。而多元化经营企业的投资难度要比单一化经营企业的投资难度大一些，投资多元化经营企业需要投资者去研究企业的不同业务，如果不同业务之间是相关的，那还容易理解，比方说一家白酒企业去卖红酒，那么投资者还可以去判断这家白酒企业以现有的资源和能力能否经营好红酒产品。不过如果不同业务之间是无关的，那么有可能超出投资者的能力圈。试想如果一家白酒企业去研究 ChatGPT，投资者会怎么看待这家白酒企业？如果一家医药企业跨行业去做房地产，投资者应该如何估算这家医药企业房地产业务的价值？如果一家煤炭企业踏足光伏行业，会不会打开业绩增长的空间？

多元化经营分为很多种，不过在上市公司中投资者最常见的多元化只有两种：纵向多元化和横向多元化。

纵向多元化又称纵向一体化，是指企业进入生产经营活动的上游或下游产业。如果企业进入生产经营活动的下游产业，那么我们称之为前向一体化；如

价值投资要义

果企业进入生产经营活动的上游产业，那么我们称之为后向一体化。

企业纵向多元化经营有多种原因。首先，纵向多元化经营可以降低企业生产经营的交易成本、时间成本和信息成本。其次，纵向多元化经营有利于企业把控产业链的上游或者下游，降低由产业链上下游引起的经营生产风险，从而保障企业产品或服务的质量。持续了三年左右的新冠疫情让投资者对这一点的感触更加深刻。新冠疫情扰乱了不少行业供应链的稳定性，原材料短缺等现象普遍发生。在疫情时期，纵向一体化经营的企业更加具有反脆弱性。

新冠疫情让投资者更加重视外部环境对企业所在产业链的影响。投资者可以用PEST模型分析企业所在的外部环境，"PEST"四个字母分别代表着四个外部环境因素：政治（Politics）、经济（Economy）、社会（Society）和技术（Technology）。

通过PEST模型分析企业的外部环境，我们便可以思考哪些行业内的企业更适合纵向多元化经营。

下面我们来看看具体案例。安防行业里的海康威视和大华股份就是受政治因素影响的典例。2019年10月8日，美国商务部工业和安全局发布公告，将海康威视和大华股份等28个中国实体列入实体清单（Entity List，简称EL）。这限制了海康威视和大华股份上游原材料的供应，使得两家公司不得不替换原材料的来源。不仅如此，为了更好地控制供应链风险，2019年以后两家公司都将存货占比持续维持在高位，堆积芯片等原材料，这其实是一种变相的纵向多元化。

第二章　商业模式

海康威视				
年份	2019	2020	2021	2022
存货（亿元）	112.68	114.78	179.74	189.98
同比增减	96.82%	1.86%	56.60%	5.70%
总资产（亿元）	753.58	887.02	1038.65	1192.35
存货/总资产	15%	13%	17%	16%
大华股份				
年份	2019	2020	2021	2022
存货（亿元）	38.40	49.28	68.10	73.15
同比增减	26.49%	28.34%	38.19%	7.42%
总资产（亿元）	295.65	365.95	440.56	462.53
存货/总资产	13%	19%	15%	16%

来源：海康威视、大华股份年度报告

最后，企业纵向多元化经营能有效熨平企业所在行业的周期波动，削弱营收和净利润的波动性。当然，这一点比较偏理论，实际上本人很少见到上市公司能在强周期性行业中体现弱周期性。

下面我们来看看一些行业纵向多元化经营的实例。

先看盐湖提锂行业。在前文中我们梳理了新能源汽车行业的产业链，提到了比亚迪的垂直整合，其实垂直整合就是纵向多元化，向前整合便是前向一体化，向后整合便是后向一体化。在新能源汽车行业的产业链里，上游资源类的赣锋锂业和天齐锂业便是纵向多元化的代表。

根据美国地质勘探局（United States Geological Survey，简称 USGS）数据，中国已查明的锂资源储量全球占比只有 6% 左右。正因为中国锂资源并不丰富，无法满足中国新能源产业的需求，所以我们对智利、阿根廷等国家锂资源依赖度较高。

考虑到两家公司经营业务差不多，我们只需看赣锋锂业即可。根据赣锋锂业 2022 年年度报告，赣锋锂业从中游锂化合物及金属锂制造起步，通过收购上游锂资源股权、自研锂电池等方式，逐渐将业务扩大到产业链的上下游，打造了一套赣锋生态系统。目前赣锋锂业已经形成垂直整合的业务模式，业务贯穿

价值投资要义

上游锂资源开发、中游锂盐深加工及金属锂冶炼、下游锂电池制造及退役锂电池综合回收利用。

赣锋锂业纵向多元化经营模式不仅可以提高公司的营运效率和盈利能力，还可以削弱公司业绩的周期性波动。盐湖提锂行业周期性很强，受供需影响，锂化合物价格波动较大。下表为赣锋锂业和天齐锂业 2018—2022 年的业绩。我们可以看出 2018—2019 年两家公司业绩下滑比较严重，赣锋锂业在 2019 年归母净利润下滑超过 70%，天齐锂业在 2019 年归母净利润直接由盈转亏。2020—2022 年两家公司业绩呈上升态势，赣锋锂业在 2021 年归母净利润翻了五倍左右，在 2022 年归母净利润翻了四倍左右；天齐锂业在 2021 年归母净利润直接由亏转盈，在 2022 年归母净利润翻了十二倍左右。

赣锋锂业					
年份	2018	2019	2020	2021	2022
ROE（%）	26.93	4.38	11.07	31.04	61.41
营业收入（亿元）	50.04	53.42	55.24	111.62	418.23
归母净利润（亿元）	13.41	3.58	10.25	52.28	205.04
扣非净利润（亿元）	12.56	6.94	4.02	29.07	199.52
经营现金流（亿元）	6.85	6.69	7.46	26.20	124.91
天齐锂业					
ROE（%）	22.97	−84.38	−30.14	23.15	80.65
营业收入（亿元）	62.44	48.41	32.39	76.63	404.49
归母净利润（亿元）	22.00	−59.83	−18.34	20.79	241.25
扣非净利润（亿元）	18.81	−62.19	−12.94	13.34	230.59
经营现金流（亿元）	36.20	23.55	6.96	20.94	202.98

来源：赣锋锂业、天齐锂业年度报告

再看养殖行业。养殖行业也是纵向多元化的代表，因为养殖行业周期性比较强，有时候饲料价格会持续维持在高位运行，所以不少养殖企业会采取纵向多元化经营策略以减少中间环节的交易成本和缓解周期性波动。此外，养殖行业纵向多元化经营还有利于企业把控食品安全。

我们先来看看养殖行业的产业链，这样我们就可以更加容易理解养殖企业的主营业务。养殖产业链由上游饲料、中游养殖和下游屠宰加工组成。

牧原股份采用纵向一体化经营模式，我们来看下牧原股份的主营业务。根据牧原股份 2022 年年度报告，公司目前已经形成集饲料加工、种猪育种、商品猪饲养、屠宰肉食为一体的猪肉产业链，覆盖整个生猪产业价值链。

收入构成按行业分类		
主营行业	收入（亿元）	收入占比
养殖业务	1197.44	95.93%
屠宰、肉食业务	147.18	11.79%
贸易业务	55.09	4.41%
其他业务	4.89	0.39%
减：养殖与屠宰、肉食之间销售抵消	−156.34	−12.52%
收入构成按产品分类		
主营产品	收入（亿元）	收入占比
生猪	1197.44	95.93%
屠宰、肉食产品	147.18	11.79%
饲料原料	55.09	4.41%
其他	4.89	0.39%
减：养殖与屠宰、肉食之间销售抵消	−156.34	−12.52%

来源：牧原股份 2022 年年度报告

虽然牧原股份是纵向一体化经营，但是生猪养殖还是企业的核心业务，生猪养殖占牧原股份营收比重也是最大的。2018—2022 年养殖行业占营业收入比重都在 95% 以上。

年份	2018	2019	2020	2021	2022
养殖业务收入（亿元）	132.62	196.27	551.05	750.76	1197.44
养殖业务收入占比	99.05%	97.06%	97.92%	95.17%	95.93%

来源：牧原股份年度报告

在 A 股还有一家养鸡的上市公司也采取纵向多元化经营的模式，那就是圣农发展。圣农发展建立了一套集饲料、种鸡养殖、种蛋孵化、肉鸡饲养、屠宰

价值投资要义

加工、食品深加工于一体的肉鸡产业链。我们来看下圣农发展的主营业务。

收入构成按行业分类		
主营行业	收入（亿元）	收入占比
家禽饲养加工行业	104.43	62.10%
食品加工行业	49.90	29.67%
其他业务收入	13.84	8.23%
收入构成按产品分类		
主营产品	收入（亿元）	收入占比
鸡肉	104.43	62.10%
肉制品	49.90	29.67%
其他业务收入	13.84	8.23%

来源：圣农发展2022年年度报告

与牧原股份不同，圣农发展采取了"纵到底"的战略，食品加工占比比较高。按理说圣农发展全产业链运营模式可以弱化周期波动，但实际上圣农发展的ROE、净利润、毛利率波动也很大。从圣农发展2018—2022年的业绩中，可以看出2018—2019年公司业绩不断增长，2018年归母净利润翻了五倍左右，2019年归母净利润翻了三倍左右，而2020—2021年公司业绩大幅下滑。

年份	2018	2019	2020	2021	2022
ROE（%）	21.50	45.80	20.66	4.61	4.15
营业收入	115.47	145.58	137.45	144.78	168.17
归母净利润	15.05	40.93	20.41	4.48	4.11
扣非净利润	14.80	41.09	20.33	3.64	3.54
经营现金流	23.56	48.50	32.38	18.43	13.48

来源：圣农发展年度报告

新希望、海大集团和大北农三家公司都是饲料起家，在发展过程中陆续覆盖产业链的上下游，我们来看下三家公司的主营业务情况。

第二章 商业模式

新希望		
收入构成按行业分类		
主营行业	收入（亿元）	收入占比
饲料	791.78	55.95%
猪产业	223.97	15.83%
禽产业	181.48	12.82%
食品	108.51	7.67%
商贸	102.40	7.24%
其他	6.93	0.49%
收入构成按产品分类		
主营产品	收入（亿元）	收入占比
饲料	791.78	55.95%
猪产业	223.97	15.83%
禽产业	181.48	12.82%
食品	108.51	7.67%
商贸	102.40	7.24%
其他	6.93	0.49%
海大集团		
收入构成按行业分类		
主营行业	收入（亿元）	收入占比
饲料行业	922.60	88.11%
养殖行业	124.56	11.89%
收入构成按产品分类		
主营产品	收入（亿元）	收入占比
饲料	848.92	81.07%
农产品	124.56	11.89%
贸易业务	61.67	5.89%
动保产品	10.45	1.00%
其他业务	1.56	0.15%

价值投资要义

续表

大北农		
收入构成按行业分类		
主营行业	收入（亿元）	收入占比
饲料动保	225.79	69.69%
生猪养殖	54.67	16.87%
饲料原料	30.79	9.50%
种子植保	11.37	3.51%
其他行业	1.36	0.42%
收入构成按产品分类		
主营产品	收入（亿元）	收入占比
饲料产品	222.90	68.80%
养猪产品	54.67	16.87%
原材料	30.79	9.50%
种业产品	9.44	2.91%
植保产品	1.92	0.59%
兽药产品	1.66	0.51%
疫苗产品	1.23	0.38%
其他产品	1.36	0.42%

来源：新希望、海大集团、大北农2022年年度报告

饲料行业经过几十年的发展已经进入了缓慢增长期。根据饲料工业协会数据，2015—2021年全国饲料产量复合年均增长率只有1.4%。在饲料行业增速放缓的情况下，饲料企业通过纵向多元化经营可以打开成长空间。

再看白酒行业，其上游为原材料，包括酿酒原材料和包装设备原材料；中游为白酒生产制造；下游为消费者，包括专卖店、商超等。白酒行业纵向多元化经营的公司不多，这主要源于白酒企业相对于上下游的议价能力较强，毛利率、净利率双高是白酒企业的普遍现象。

五粮液是一家纵向一体化经营的白酒公司。除了酒类以外，其业务结构还

第二章　商业模式

覆盖了塑料制品、印刷等产品，不过这些产品占营业收入比重较少。

收入构成按行业分类		
主营行业	收入（亿元）	收入占比
制造业	739.69	100.00%
收入构成按产品分类		
主营产品	收入（亿元）	收入占比
酒类	675.63	91.34%
塑料制品	32.02	4.33%
印刷	1.38	0.19%
玻瓶	1.19	0.16%
其他	29.47	3.98%

来源：五粮液 2022 年年度报告

最后我们来看看煤炭行业，煤炭行业中不少企业都是纵向一体化经营的。我们先来看看煤炭行业的产业链，煤炭行业产业链上游为煤炭采选、中游为煤炭加工、下游为煤炭应用领域。

中国神华是煤炭行业纵向多元化经营的代表，"一体化"一词频繁出现在公司年度报告里，公司以煤炭产品为基础，形成了一套煤炭"生产→运输（铁路、港口、航运）→转化（发电及煤化工）"一体化运营模式，这不仅可以降低成本，还可以有效把控煤炭供需之间的匹配程度。我们来看下中国神华的主营业务。

收入构成按行业分类		
主营行业	收入（亿元）	收入占比
煤炭	2774.74	65.59%
发电	845.25	19.98%
铁路	421.97	9.97%
港口	64.41	1.52%
煤化工	63.79	1.51%
航运	60.51	1.43%

价值投资要义

续表

收入构成按产品分类		
主营产品	收入（亿元）	收入占比
煤炭收入	2300.50	66.77%
发电收入	777.67	22.57%
运输收入	153.84	4.47%
煤化工收入	57.77	1.68%
其他	155.55	4.51%

来源：中国神华2022年年度报告

除了中国神华以外，兖矿能源也是一家纵向多元化经营的公司，我们来看下它的主营业务。根据兖矿能源2022年年度报告，兖矿能源的主营行业中煤炭业务收入占比在81%左右，煤化工业务收入占比在16%左右，电力业务收入占比在2%左右。

收入构成按行业分类		
主营行业	收入（亿元）	收入占比
煤炭业务	1258.44	81.40%
煤化工业务	242.73	15.70%
电力业务	27.24	1.76%
其他业务	17.62	1.14%
收入构成按产品分类		
主营产品	收入（亿元）	收入占比
煤炭业务	1258.44	81.40%
煤化工业务	242.73	15.70%
电力业务	27.24	1.76%
其他业务	17.62	1.14%

来源：兖矿能源2022年年度报告

不过按照兖矿能源2022年年度报告所述，公司未来会向高端化工新材料、

第二章　商业模式

新能源等方向转型，届时业务结构可能会发生变化。

横向多元化指企业经营的多种业务分布在两个或两个以上的产业，且这些产业不处在同一价值链上，可以分为相关多元化和无关多元化。

先说相关多元化。相关多元化指企业进入与原有经营层面和公司层面相关的业务领域，比方说生产白酒的企业去生产红酒、养猪的企业去养鸡。

企业采取相关多元化的经营模式有可能会开启第二增长曲线。根据查尔斯·汉迪在《第二曲线：跨越"S型曲线"的二次增长》所述，似乎一切事物都逃不开S型曲线，唯一的变数仅仅是曲线的长度，过去的企业在倒闭之前通常能运行40年左右，而现在企业的平均寿命仅为14年，但是如果企业在第一曲线到达巅峰之前找到可以促进企业发展第二曲线，那么企业利润就会带来新的增长。

下面我们来看看相关多元化的具体实例。

白酒行业中洋河股份就是一家相关多元化经营的企业。根据洋河股份2022年年度报告，洋河股份的主营行业中酒类收入占比超过97%，主营产品分为白酒和红酒。

收入构成按行业分类		
主营行业	收入（亿元）	收入占比
酒类行业	295.00	97.99%
其他业务	6.05	2.01%
收入构成按产品分类		
主营产品	收入（亿元）	收入占比
白酒	293.39	97.46%
红酒	1.61	0.53%
其他	6.05	2.01%

来源：洋河股份2022年年度报告

虽然洋河股份的主营产品分为白酒和红酒，但是红酒产品的营收占比非常小。此外，近几年洋河股份的红酒产品营收占比逐步下滑，产销量不断下降，库存量不断上升，可见其在市场上不受待见，不是投资者分析公司的要点。我们来看下2018—2022年洋河股份红酒产品情况。

价值投资要义

年份	2018	2019	2020	2021	2022
红酒营收（亿元）	2.74	1.94	1.82	1.98	1.61
红酒营收占比	1.13%	0.84%	0.86%	0.78%	0.53%
红酒销售量（吨）	5288.96	4854.36	3202.27	2654.55	2406.64
红酒生产量（吨）	6315.57	4137.99	2985.04	2856.66	2616.66
红酒库存量（吨）	1360.62	644.25	427.02	629.13	839.15

来源：洋河股份年度报告

我们再看看养殖行业的相关多元化。温氏股份是养殖行业相关多元化的代表，是一家又养鸡又养猪又养鸭又养奶牛又养鸽子的企业，不过公司的主要业务还是肉鸡和肉猪的养殖及销售。投资温氏股份要同时关注猪周期和鸡周期，有时候活猪价格和活鸡价格走势会分化，会出现猪鸡共振的现象。我们来看下温氏股份的主营业务。

收入构成按行业分类		
主营行业	收入（亿元）	收入占比
养殖行业	812.42	97.05%
乳品行业	10.16	1.21%
动保行业	7.03	0.84%
肉制品加工	4.49	0.54%
设备制造业	2.28	0.27%
其他行业	0.70	0.08%
收入构成按产品分类		
主营产品	收入（亿元）	收入占比
肉猪类	426.42	50.94%
肉鸡类	355.82	42.51%
其他养殖类	30.19	3.61%
原奶及乳制品	10.16	1.21%
兽药	7.03	0.84%
肉制品加工产品	4.49	0.54%
设备	2.28	0.27%
其他	0.70	0.08%

来源：温氏股份2022年年度报告

第二章 商业模式

再看调味品行业。调味品行业中相关多元化的公司比较多，海天味业、中炬高新、千禾味业、涪陵榨菜、恒顺醋业等企业都是相关多元化经营的。我们以海天味业为例来看下调味品企业的相关多元化经营。根据海天味业2022年年度报告，其主营产品分为酱油、蚝油、调味酱和其他品类，其中，酱油的收入占比在54%左右，蚝油的收入占比在17%左右，调味酱的收入占比在10%左右，其他品类的收入占比在11%左右。

收入构成按行业分类		
主营行业	收入（亿元）	收入占比
食品制造业	237.94	92.91%
其他	18.16	7.09%
收入构成按产品分类		
主营产品	收入（亿元）	收入占比
酱油	138.61	54.12%
蚝油	44.17	17.25%
调味酱	25.84	10.09%
其他品类	29.32	11.45%
其他	18.16	7.09%

来源：海天味业2022年年度报告

接下来我们来看看家电行业的相关多元化。格力电器和美的集团其实都有相关多元化的业务板块。格力电器的主营产品中的生活电器就是相关多元化板块，只是生活电器板块营收占比少得可怜，我们来看下2018—2022年格力电器生活电器板块的收入和收入占比。

年份	2018	2019	2020	2021	2022
生活电器收入（亿元）	37.94	55.76	45.22	48.82	45.68
生活电器收入占比	1.92%	2.81%	2.69%	2.60%	2.42%

来源：格力电器年度报告

而美的集团主营产品中的消费电器板块是公司营业收入的重要组成部分。

价值投资要义

此外，美的集团的电磁炉、台式泛微波、电热水壶等家电产品零售额在线上线下渠道取得了排名第一的好成绩。我们来看下2018—2022年美的集团消费电器板块的收入和收入占比。

年份	2018	2019	2020	2021	2022
消费电器收入（亿元）	1029.93	1094.87	1138.91	1318.66	1252.85
消费电器收入占比	39.66%	39.35%	40.07%	38.64%	36.43%

来源：美的集团年度报告

再说无关多元化。无关多元化指企业进入与原有经营层面和公司层面无关的业务领域。

无关多元化能不能开启企业的第二增长曲线呢？概率比较小。企业和人一样都是有能力圈的，一家企业盲目地进入到新领域发展，在运营和管理上基本上不具有优势。企业管理层在一个领域成功后也会盲目自信，认为自己在另一领域也会成功，其实不然。

白酒行业中的古井贡酒在业务结构中就有无关多元化的酒店业务。根据古井贡酒2022年年度报告，古井贡酒的主营产品分为白酒业务和酒店业务，其中，白酒业务的收入占比约为96.74%，酒店业务的收入占比约为0.34%。

收入构成按行业分类		
主营行业	收入（亿元）	收入占比
制造业	167.13	100.00%
收入构成按产品分类		
主营产品	收入（亿元）	收入占比
白酒业务	161.68	96.74%
酒店业务	0.58	0.34%
其他	4.88	2.92%

来源：古井贡酒2022年年度报告

这主要于公司早期弱化白酒业务以追求多元化发展有关，在1998—2006年古井贡酒的管理层急于扩张，让公司涉足了农产品、酒店、啤酒等行业，使得公司定位逐渐模糊，削弱了公司白酒主业的竞争力。2007年以后公司才慢慢剥离非主营业务，将精力聚焦到白酒主业的发展上来。

2018—2022年古井贡酒的酒店业务收入占比不大而且逐年缩小，对于公司来说其实是个无关痛痒的业务。

年份	2018	2019	2020	2021	2022
酒店业务收入（亿元）	0.87	0.89	0.63	0.75	0.58
酒店业务收入占比	1.00%	0.85%	0.62%	0.57%	0.34%

来源：古井贡酒年度报告

本人比较看好单一化、纵向多元化和相关多元化经营的企业，而对于无关多元化经营的企业则不会去投资。《道德经》中有一句话叫做：少则得，多则惑。如果一个人只做一件事情，那么这个人可以把这件事情做精做好，但如果一个人同时做多件事情，那么很有可能这个人所有的事情都做不好。企业和人其实是一样的，如果一家企业在自身核心能力范围内稳扎稳打，实施单一化、纵向多元化或相关多元化经营策略，那么这家企业很有可能成为一家伟大的企业，但如果这家企业同时涉足无关行业的业务，那么这家企业很有可能会陷入"多元恶化"的泥潭。不过有一类企业是例外的，就是控股类企业，控股类企业无所谓具体的业务结构，也就无所谓单一化经营还是多元化经营。其典型就是伯克希尔·哈撒韦和腾讯控股。

第三章

投资原则

在投资中，投资者难免会遇到一些实际的问题。我们是应该将资金集中投资一家企业还是分散投资几家企业？市场恐慌大跌的时候是否应该坚定买入？一家企业商业模式优秀而管理层却很平庸是否值得投资？铺天盖地的宏观新闻是否值得关注？

随着时代的变化，投资者的投资标的可能会发生变化，但是投资原则是不变的。白酒行业和房地产行业的黄金十年都已经过去了，很多之前确定性比较高的优质企业投资逻辑都发生了变化。白酒行业量价齐升的时代不会再回来，贵州茅台陆续推出酱香拿铁、茅小凌酒心巧克力以拥抱年轻人。房地产行业形势格外严峻，防风险、保交楼变成了房地产行业的主题词，新开工和成交面积同比减少，房地产企业现金流回笼不再如探囊取物般容易，稳健运营成为了万科A的策略。

而很多新能源企业正在高速发展，宁德时代的归母净利润从2020年的55.83亿元快速增长至2022年的307.29亿元，翻了5倍以上；隆基绿能的经营现金流从2020年110.15亿元快速增长至243.70亿元，翻了1倍以上。

"买什么"会变，而"怎么买"却不会变。苹果代替可口可乐成为伯克希尔·哈撒韦的第一重仓股，而沃伦·巴菲特和查理·芒格在他们几十年的投资生涯里的投资原则却是不变的：集中投资、逆向投资、重商业模式而轻管理层、弃宏观而重微观。他们用几十年的实践证明如此投资不仅可以降低风险、用低成本买入优质公司，还能获得高额受益率。

本章讨论了投资原则，分为四节。第一节为集中投资与分散投资；第二节为顺向投资与逆向投资；第三节为商业模式与管理层；第四节为宏观经济与微观企业。

第三章　投资原则

集中投资与分散投资

在投资股票的实际操作中,集中投资还是分散投资是一个非常重要的问题。如果投资者拥有 100 万元,会如何投资呢?全仓贵州茅台还是白酒、医药、互联网三大行业各买一些?如果全仓一只股票,假如该股票出现退市风险怎么办?如果将资金分散到不同的股票,其中一只股票不在投资者的能力圈内怎么办?

先说结论:一,分散投资不见得比集中投资风险小,在能力圈里,我们应该减少交易次数,集中投资,持续不断地用合理的价格买入心仪的公司。相比于分散投资,集中投资更有可能超越市场平均水平,是获得高额收益的关键,但是也有可能会导致有段时间跑输市场。这个"有段时间"可能是以年为单位的,比方说 2013—2014 年的白酒,2021—2022 年的中概互联。二,考虑到黑天鹅,适当分散,对不确定性保持尊敬,不要将所有资金全部投入一个行业和一家公司。一般对于个人投资者来说,持有 5~6 只股票为最佳。即使再看好一家公司,它的仓位占比也不要超过 50%。

其实在集中投资还是分散投资上,不同投资大师有着不同的看法。我们不妨先来看看本杰明·格雷厄姆、菲利普·费雪、沃伦·巴菲特在投资中是集中投资的还是分散投资的。

本杰明·格雷厄姆:烟蒂 + 分散

沃伦·巴菲特的导师本杰明·格雷厄姆比较喜欢分散投资烟蒂股。格雷厄姆的投资操作是无差别地买入价格低于净流动资产的股票,然后在价值回归时卖出。"无差别"意味着格雷厄姆其实不怎么在意公司的质量,只利用会计知识去计算公司的账面价值,买入"一篮子"不同种类的烟蒂股,利用大量分散来控制风险，保证投资组合的安全性，分散投资是格雷厄姆"安全边际"的三大基础之一。

　　大萧条时，格雷厄姆遭受到严重的亏损，在他的眼里未来是条荆棘路，充满危险，他几乎完全忽略企业商业模式和管理层的作用。他的买入是为了卖出，不会长期持有。在格雷厄姆的眼里，只要符合烟蒂投资的标准，0.3倍PB的贵州茅台和0.3倍PB的康美药业是一样的（当然贵州茅台上市以来从来没有跌到过0.3倍PB）。通常来说，格雷厄姆会至少持有75只不同种类的烟蒂股。当然，这样的"无差别"会导致有些烟蒂股出现较大的亏损，当然格雷厄姆并不在意，因为大多数的烟蒂股都会上涨从而带来不错的利润，而且大量分散也会有一定概率命中10倍股。

　　当然，格雷厄姆的投资理论是建立在大萧条时期的，随着后期资本市场的发展，价格低于净流动资产的"烟头"越来越少，很难找到，格雷厄姆也慢慢地放开了标准，"捡烟头"的时候也更加小心谨慎。在前文我们提到过，在A股里基本上捡不到烟头，即使捡到了，往往价值回归时间也很长，大概需要好几年的时间。其实不要说烟蒂股，有时候一些具有成长性的好公司常年都是无人问津的，所以格雷厄姆的"烟蒂+分散"的模式在A股中的实际运用价值并不大。

菲利普·费雪：成长+集中

　　与格雷厄姆的广撒网不同，"成长股之父"菲利普·费雪是"成长+集中"的模式。在费雪的眼里，伟大的公司是稀少的，绝大多数的公司是平庸的，市场会有犯错的时候。费雪会在成长股市场价格低于内在价值的时候"趁火打劫"，集中资金果断买入成长股并以年为单位长期持有。费雪的换手率非常低，他不喜欢疯狂的买入或卖出股票，而是把很多时间花在研究公司上面，深入了解公司的商业模式和管理模式，一般来说几只核心的股票就代表了他的投资组合。

沃伦·巴菲特：前期烟蒂+集中，后期成长+集中

　　巴菲特说自己是85%的格雷厄姆和15%的费雪，但是在集中投资还是分散

第三章　投资原则

投资上面,巴菲特是 100% 的费雪。巴菲特在前期虽然秉承着其导师格雷厄姆的烟蒂股投资理念,但一直是集中投资的,巴菲特的持股从来没有分散过,因为集中投资可以获得高额收益。以喜诗糖果作为巴菲特烟蒂股和成长股的分界线,我们先来看看他前期烟蒂股的集中投资策略。

1951 年,巴菲特投资政府雇员保险公司。格雷厄姆是政府雇员保险公司的董事长,巴菲特买入四次,一共买入 350 股,总购买价 10282 美元,这超过了当时巴菲特全部资产的 50%。

1956 年,巴菲特开始投资登普斯特制造公司,并在 1961 年大量买入,到 1961 年中期,巴菲特合伙公司大约持有登普斯特制造公司 30% 的股权,到了 1961 年的 8、9 月份,巴菲特合伙公司持股比例达到了 70% 左右。在 1961 年年末登普斯特制造这笔投资占巴菲特合伙公司净资产的 21% 左右。

在 1958 年投资共富诚信银行的时候,巴菲特合伙公司以平均价格约 51 美元买入其 12% 的股权。合伙公司的股份随着共富诚信银行规模的扩张而增长,使合伙公司成为共富诚信银行的第二大股东。

在 1958 年投资桑伯恩地图公司的时候,巴菲特合伙公司买入了 24000 股,投入资金大约是合伙公司的 1/3。

1962—1969 年,巴菲特合伙公司一共购买伯克希尔·哈撒韦公司股份 691441 股,当时伯克希尔已发行的股份共 983582 股,巴菲特合伙公司持股比例达到 70% 左右。

1964—1966 年,巴菲特投资美国运通,一共花了 1300 万美元买入美国运通 5% 的股份,将巴菲特合伙企业 40% 的资金压在这只股票上,这是巴菲特合伙企业有史以来最大的一笔投资。

1968 年,巴菲特开始投资蓝筹印花公司。巴菲特合伙公司一共花了大约 200 万美元买入超过 70000 股,大约占了合伙公司 6% 的资金。

公司名称	投资时间	持股仓位
政府雇员保险公司	1951	超过巴菲特资产的 50%
登普斯特制造公司	1956—1963	占合伙公司的 1/5,持股比例为 70%
共富诚信银行	1958	买入 12% 的股权,合伙公司为第二大股东

价值投资要义

续表

公司名称	投资时间	持股仓位
桑伯恩地图公司	1958	占合伙公司的 1/3
伯克希尔·哈撒韦	1962	持股比例为 70%
美国运通	1964—1966	占合伙公司的 2/5
蓝筹印花公司	1968	占合伙公司的 3/50

除了获取高额收益以外，巴菲特前期集中投资还有一个原因：实现控制类投资。控制类投资格雷厄姆三种烟蒂股投资方法中的一种，巴菲特持股比例增加以后可以获得公司的控制权。公司的价值回归是需要时间的，这个时间主要由市场决定，长短不一，但是有了公司的控制权以后巴菲特可以让公司低估状态的时间变得短一些。

在投资桑伯恩地图公司的时候，巴菲特掌握着公司的控制权，当巴菲特介入的时候，桑伯恩地图公司的地图业其实是经营不景气的，但是公司从20世纪30年代前期开始积累了很多的证券组合。在1960年巴菲特致股东的信中，他判断这些证券组合价值65美元，而当时公司股价只有45美元，证券组合的价值已经超过了公司的市值。巴菲特和董事会协商，将公司的证券组合分给股东，但是被拒绝了。于是巴菲特利用他的控制权强制性地让董事会同意了这一决定。

在投资登普斯特制造公司的时候，巴菲特持有公司70%的股权，从而掌握着公司的控制权。巴菲特觉得公司销售业绩不佳和公司的低存货周转率造成了公司没有利润，这很大程度上是因为公司管理水平不行，于是巴菲特对公司进行了两次控制类的操作。第一次是将副总裁提拔为总裁，但是效果不佳。第二次是在查理·芒格的介绍下，巴菲特安排哈里·巴特勒为总裁，在哈里·巴特勒的经营下，公司超额完成了巴菲特原先设定的指标。

在投资伯克希尔·哈撒韦的时候，西伯里欺骗了巴菲特之后，巴菲特疯狂收集伯克希尔的股票以获得公司的控制权，然后罢免了西伯里，安排副总裁作为总裁来管理。随着巴菲特持股比例越来越大，他赶走了只看重短期利益的股东，然后和管理层削减公司的纺织业务并用伯克希尔账面上的现金去收购其他公司。

第三章 投资原则

不过控制类投资这一方法对于我们普通投资者来说并没有什么参考意义的。毕竟凭普通投资者的资金量在买公司的时候根本不用担心自己会成为控股股东。

控股一家公司以干预公司经营也有不好的地方，股东利益和员工利益可能会出现冲突。当股东的决定顾此失彼的时候，可能会给股东带来名誉风险。在巴菲特投资登普斯特制造公司的时候，随着哈里·巴特勒的管理，公司的状况慢慢好转，于是巴菲特打算解雇员工并卖掉公司的设备清算资产，这让当地居民十分恐慌，一致抵制巴菲特。政府和居民筹集到了足够的资金收购了公司的全部资产然后赶走了巴菲特。巴菲特是个比较在意自己名誉的人，被赶走这件事对于巴菲特的伤害是巨大的。

不仅如此，普通投资者的管理水平也一般般，很多股票投资者对于企业管理并不在行，即使真有足够的资金量能控股一家公司，在面对经营困难的烟蒂公司的时候，按照大多数人的管理能力，搞砸的可能性也比较大。

其实经营困难的烟蒂公司往往是商业模式出现了问题，即使拥有优秀管理水平的企业家也不一定能够让公司走出泥潭，哪怕巴菲特亲自上场效果可能也不佳。

投资伯克希尔就给了巴菲特一个教训，伯克希尔不断恶化的纺织业务困扰了他几十年。时间是优秀企业的朋友，却是劣质公司的敌人，这也使得他慢慢地对格雷厄姆的投资理念产生了质疑。1967年，巴菲特在致股东的信中说道："如果未来股市上涨的趋势得以持续的话，我们在伯克希尔的投资必将拖累我们的整体业绩表现。类似的情况也会在我们其他的控制类投资上出现。并且当被投资的生意本身没有任何改进的情况下，这种拖累将会表现得更为明显。"

巴菲特在伯克希尔的投资中摆脱纺织业的困境花了很长时间，在1968年的时候，巴菲特就想把伯克希尔的纺织业务卖给芒格和戈特斯曼，但是被拒绝了。随着时间的流逝，伯克希尔的纺织业务已经陷入了绝境，并且需要更多的资本投入以维持，然后多次寻找买家还卖不出去，在1985年7月，巴菲特便忍痛将伯克希尔的纺织业务关停了。

这段持续几十年的纺织业投资被巴菲特在后来多次公开承认是他的重大失败，也是他最糟糕的一笔投资。于是在收购喜诗糖果的时候巴菲特和芒格学乖了，他们是绝对不会去管理喜诗糖果的，而是让当时的副总裁查克·哈金斯来

价值投资要义

管理。

巴菲特在后期就从烟蒂股投资转成成长股投资了,喜诗糖果的投资是其转折点,不过巴菲特集中投资的模式依旧没有改变。

巴菲特从烟蒂股转向成长股,有三点原因。首先,巴菲特后期受费雪和芒格影响颇深,伯克希尔·哈撒韦的投资失败也让巴菲特更加重视起了公司质量的好坏。与其买一家没有前景、经营不善的烟蒂股,不如将资金放在有前景、经营优秀的成长股上。其次,随着美国资本市场的发展,烟蒂股越来越少,很难找到跌破净流动资产的公司。最后,烟蒂股的市值也容不下巴菲特越来越大的资金规模。烟蒂股一般都是二三流的小公司,没有核心竞争力,也不会带来没有营收和净利润的增长,所以很难成长为大公司。而随着伯克希尔·哈撒韦资金规模越来越大,市值小的烟蒂股没有办法容纳伯克希尔·哈撒韦庞大的资金规模。

不过巴菲特偶尔也会拿点小钱捡捡烟蒂来回忆一下旧时光。在1999年西科金融股东大会上,有股东问芒格如何评价巴菲特至今还在用一些小资金捡烟蒂,芒格回答道:"你知道的,沃伦在伯克希尔领的工资很少。他有一位很能花钱的老婆,她有属于她自己的奈特捷私人飞机,并且沃伦还有一些其他开支。因此沃伦拥有一些私人投资是比较好的,他可以买入一些烟蒂股追忆旧时光,让他保持心情愉悦。"

集中投资:规避风险,高额收益

1998年,巴菲特在佛罗里达大学演讲时公开回答了投资应该分散还是集中的问题。巴菲特说:"这个要看情况了。如果不是职业投资者,不追求通过管理资金实现超额收益率的目标,我觉得应该高度分散。我认为98%~99%的投资者应该高度分散,但不能频繁交易,他们的投资应该和成本极低的指数型基金差不多。只要持有美国的一部分就可以了,这样投资,是相信持有美国的一部分会得到很好的回报,我对这样的做法毫无异议。对于普通投资者来说,这么投资是正路。如果想积极参与投资活动,研究公司并主动做投资决策,那就不一样了。既然你走上研究公司这条路,既然你决定投入时间和精力把投资做好,

第三章　投资原则

我觉得分散投资是大错特错的。要是你真能看懂生意，你拥有的生意不应该超过六个。要是你能找到六个好生意，就已经足够分散了，用不着再分散了，而且你能赚很多钱。我敢保证，你不把钱投到你最看好的那个生意，而是再去做第七个生意，肯定会掉到沟里。靠第七个最好的主意发家的人很少，靠最好的主意发家的人很多。所以，任何人在资金量一般的情况下，要是对自己要投资的生意确实了解，六个就很多了，换了是我的话，我可能就选三个我最看好的。我本人不搞分散。我认识的投资比较成功的人，都不搞分散，沃尔特·施洛斯是个例外，沃尔特的投资非常分散，他什么东西都买一点。"

巴菲特的回答是直截了当的，对于普通投资者来说，推荐指数基金，通过定投指数基金这样一篮子股票的形式实现分散投资。因为普通投资者不具备分析企业的能力，也无法评估企业的价值，看不出企业将来的成长空间，所以需要分散来规避买错的风险。然而巴菲特本人却是一个集中投资者这其实已经表示巴菲特本人不认为自己是普通投资者，他本人有充分的能力去集中投资自己看得懂的企业，只是没有明说而已。

如果普通投资者投资高度分散到30至40只股票，其实已经相当于模拟了整个大盘了，不如直接通过指数基金投资，这样的高度分散也会导致投资收益率跑不赢大盘，所以通过集中投资可以获得高额收益。

假如某投资者拥有100万元资金，拿出1万元资金在100元附近买入100股贵州茅台，在贵州茅台上涨至2500元左右时卖出，但是投资者买入的仓位较少，仓位占比只有1%，所以整体收益率也不是很高。如果这名投资者拿出50万元资金在100元附近买入5000股贵州茅台，集中投资贵州茅台，那么当贵州茅台上涨至2500元左右时卖出，整体收益率就会很高。

集中投资还有一个好处就是可以规避风险。关于这一点可能不少人会有疑惑：相对于集中投资，难道不是分散投资更能规避风险吗？其实不然，过度分散往往导致没有时间和精力去深入地研究一家公司。当持仓过多的时候，公司发出来的公告可能都来不及看，也来不及分析。每个人都是有能力圈的，分散投资不一定分散掉风险，它分散的更多的是时间和精力，更有可能将资金分散到能力圈之外，这带来的是更大的风险，所以分散投资其实比集中投资更危险。

巴菲特曾经说过："当你有40个妻子时，你将永远不会知道她们此时此刻都在干什么。"投资常常是在做减法,"不为"比"为"更重要,并不是多多益善。事实证明,长期专注地研究一家公司往往已经超过了市场上绝大多数人。市场上很多人买卖股票的原因来自证券公司投顾、KOL 或亲朋好友的推荐,他们连自己购买公司的主营业务是什么都不清楚。

不过集中投资也有一定的弊端,就是你很有可能长期跑输市场,这个时间很有可能是以年为单位的,比方说在 2013—2014 年重仓白酒行业、2021—2022 年重仓中概互联,跑输沪深 300 的概率非常大,某一行业或某家公司短期内不被市场青睐的话股价下跌幅度会比较大,价值回归也需要时间。

不宜全仓同一行业

当然,集中投资并不代表投资者将所有的资金全部压在一个行业或者一家公司上面,要知道任何时候我们对于一家公司的理解是有限的,可能历史、环境、时势和管理会诞生一家不错的公司,但是一家公司的力量也是非常有限的,利空政策的出台、客户需求的变化等都会对公司经营带来不利的影响。不管在现实生活中还是在股市里,黑天鹅都是不可预测的。

此外,出于很多原因,某一行业在特定时间点的估值可能会比较高,如果全仓同一行业没有办法平衡高估值。当投资者持有的投资组合整体估值比较高的时候,组合上涨概率低、下跌风险大,整体收益率不高。

2021 年年初食品饮料、电气设备、医药生物等行业估值处于高位,如果投资者全仓这些行业,那么投资组合的安全性较差。2021 年年初海天味业的市盈率在 100 倍以上,随后估值和业绩不断调整;泸州老窖的市盈率在 70 倍以上,随后股价开始回调;宁德时代的市盈率超过 200 倍,不过宁德时代股价调整的比较晚,在 2022 年的时候才开始走下坡路;恒瑞医药的市盈率在 90 倍以上,随后股价不断下跌。

第三章　投资原则

顺向投资与逆向投资

沃伦·巴菲特有一句非常出名的话，即使不做股票投资的人也知道，那就是：在别人贪婪的时候恐惧，在别人恐惧的时候贪婪。这句话说的便是逆向投资。与顺向投资不同，逆向投资在多数情况下做出的是与市场相反的投资策略。

逆向投资是指当股价下跌时，市场给出的报价会低于公司的内在价值，投资者在这个时候买入心仪的公司，价格是大打折扣的；随着市场情绪恢复稳定，公司价值回归，投资者会获得超越市场平均回报的收益。

逆向投资其实并不简单，因为它不是一项技能，而是一种性格。可以说逆向投资是价值投资者最基本的品质。不过逆向投资理论是一回事，将它应用到市场上又是一回事，两者几乎完全不相关。

我们不妨先来看看沃伦·巴菲特逆向投资的案例。考虑到巴菲特的所有投资几乎全是逆向投资，我们选取华盛顿邮报的案例作为代表。

1973年，受水门事件影响，华盛顿邮报股价不断下跌，从高点38美元跌至低点16美元。巴菲特在此时开始建仓华盛顿邮报，以均价22.75美元左右买入46.175万股B类股，总购买价约1060万美元，成为华盛顿邮报的第二大股东。华盛顿邮报总裁凯瑟琳·格雷厄姆担心其恶意收购，便约见了巴菲特夫妇，巴菲特给凯瑟琳阐述了自己价值投资的理念并写下书面保证不再购买华盛顿邮报的股票。

在危机中买入华盛顿邮报，巴菲特浮亏了三年多，直到1976年才开始盈利。对于逆向投资华盛顿邮报，巴菲特在1985年致股东的信中是这么说的："我们之前曾提到，过去10年来，投资环境已由过去完全不看好大公司转变为适当的认同，华盛顿邮报就是一个最好的例子。我们在1973年中以不到当时内在价值1/4的价格买进股权。计算价格/价值比并不需要有独到的眼光，大部分的证

价值投资要义

券分析师、经纪人与媒体经营者跟我们一样估计该公司的价值约在4亿到5亿美元之间,但当时其仅1亿美元的股票市值却是众人皆知,而我们具有的优势是态度:我们从格雷厄姆那里学到成功投资的关键是,在价格以大折扣低于内在价值时,买进好公司的股票。"

我们可以看出巴菲特给予华盛顿邮报的估值是4亿至5亿美元之间,而在1973年华盛顿邮报的市值不到1亿美元,巴菲特以内在价值低于2.5折的价格买入,有着很大的安全边际。

到了1976年,华盛顿邮报股价大涨120%。在1993年致股东的信中巴菲特提到关于投资华盛顿邮报的丰厚回报:"1973年我们斥资1000万美元买入华盛顿邮报,时至今日我们每年从该公司取得700万美元的分红,而持有股票的市值已超过4亿美元。"

价值投资的逆向投资与趋势投资的顺向投资相反,因为价值投资强调低估买入,在企业价格低于企业价值时买进,而绝大多数情况下企业价格的下跌会伴随着利空的消息,这才给予了价值投资者投资的机会,所以价值投资基本上都是逆向投资。

回顾历史,市场其实从来不缺逆向投资的机会。逆向投资到底应该怎么投?你可能拥有很高的学历或者考过CPA或者有很高的智商或者有很多年的投资经验,但是逆向投资跟这些都没有关系。

马克·塞勒尔在2008年哈佛大学演讲中说道:"我认为,至少有7个特质是伟大投资者的共同特征,是真正的优势资源。第一个特质是在他人恐慌时果断买入股票、而在他人盲目乐观时卖掉股票的能力。每个人都认为自己能做到这一点,但是当1987年10月19日(作者注:历史上著名的'黑色星期一')这天到来的时候,市场彻底崩溃,几乎没人有胆量再买入股票。而在1999年(作者注:次年即是纳斯达克大崩盘),市场几乎每天都在上扬,你不会允许自己卖掉股票,因为你担心会落后于他人。绝大多数管理财富的人都有MBA学位和高智商,读过很多书。到1999年底,这些人也都确信股票被估值过高,但他们不能允许自己把钱撤离'赌台',其原因正是巴菲特所说的'制度性强制力'。"

很多投资大师都采用逆向投资策略,比方说本杰明·格雷厄姆、沃伦·巴菲特、查理·芒格、菲利普·费雪、约翰·邓普顿等,所以几乎所有做投资的人都知道逆向投资，在市场恐慌的时候不做乌合之众，不断买入股票，并且越跌越买。不过事实上很多人对于逆向投资有很多的误区，怎么样合理地"接飞刀"是一个值得思考的问题。

在能力圈内逆向投资

逆向投资最重要的原则就是你要确定那些下跌的股票是你研究过并在你能力圈之内的。只有在能力圈之内，你才能看清楚公司的真正估值，才能知道公司是不是真的便宜。市场每天都有股票跌停或者每年都有不同行业的股票下跌得特别厉害，但是如果那些股票你不懂，就不要去碰，因为你判断不出来这是不是价值陷阱。

如果你仅仅根据简单的市盈率、市净率去判断公司价值是不是被低估去进行逆向投资，而没有仔细研究过公司，没有去估算公司未来的现金流折现，那么这样的"折扣买入"的稳健性和安全性都值得考量。

事实上巴菲特老人家做出的逆向投资都是在他能力圈之内的，是在能力范围内贪婪，对于超出能力圈的，哪怕错过了，他碰都不碰一下。美国运通、华盛顿邮报、可口可乐、富国银行等股票都是巴菲特在市场下跌时在能力圈内进行逆向投资操作买入的。

巴菲特1976年第二次买入政府雇员保险公司就是在能力圈内投资最好的例子。前文我们提到过巴菲特在1951年买入政府雇员保险公司，那是巴菲特第一次买入该公司，到了1952年巴菲特就以15259美元的价格全部卖出了。相较于购买价10282美元，巴菲特获利48%左右。

到了20世纪70年代，美国通货膨胀高达两位数，使得修车、医疗等费用比预估值要高，政府雇员保险公司的管理层低估了保险理赔的成本，过低的保单销售价格使得公司保险业务亏损，让公司在破产的边缘徘徊。1976年，政府雇员保险公司承保亏损高达1.9亿美元，公司股价也从几年前高点61美元下跌至2美元。

董事会更换了管理层，让约翰·伯恩担任总裁。巴菲特通过凯瑟琳约谈伯恩，在与他交谈了几个小时后，巴菲特非常认可伯恩的能力。于是在约谈伯恩

价值投资要义

后的第二天，巴菲特买入了 50 万美元的政府雇员保险公司股票，随后逐渐追加投资，一共买入了 400 万美元左右。

1976 年第二次投资政府雇员保险公司完完全全是巴菲特在自己能力圈内的一次投资。

第一，巴菲特对于政府雇员保险公司非常熟悉。在哥伦比亚大学跟着格雷厄姆读研究生的时候就现场拜访过其总部。在总部，巴菲特碰到了当时的副总裁洛里默·戴维森，戴维森花了 4 个小时左右的时间给巴菲特讲解了保险行业的运营模式和政府雇员保险公司的核心竞争优势。

第二，受费雪和芒格的影响，巴菲特开始关注公司的核心竞争优势，而不是只盯着公司账面上的亏损，在这次危机中巴菲特认为政府雇员保险公司的核心竞争优势并没有改变。

第三，巴菲特亲自确认了伯恩的能力，在企业核心竞争优势没有受到毁灭性打击的情况下，优秀的管理层可以拯救一家企业，他相信政府雇员保险公司的这次危机可以得到解决。

关于后面两点，巴菲特在 1980 年和 1995 年致股东的信中有提到。在 1980 年致股东的信中巴菲特说道："政府雇员保险公司的问题与 1964 年美国运通所爆发的色拉油丑闻事件类似，一时的打击并未毁掉其原本的经济基础，就像是一个身体健壮的人得了局部可切除的肿瘤，只要遇到一位经验丰富的医生，就能化险为夷。"在 1995 年致股东的信中巴菲特说道："所幸后来由约翰·伯恩在 1976 年接掌公司并采取紧急的补救措施，这才使得公司幸免于难。由于我相信约翰·伯恩以及政府雇员保险公司原本拥有的竞争优势，伯克希尔在 1976 年下半年买入大量的政府雇员保险公司股份，之后又小幅加仓。到了 1980 年底，我们总共投入 4570 万美元，获得了政府雇员保险公司 33.3% 的股权。"

随着后期政府雇员保险公司经营状况的改善，公司股票价格迅速回升。到了 1995 年巴菲特收购了整个政府雇员保险公司，不过这都是后话了。

投资者在市场下跌时一定要仔细思考：这家股价下跌的公司是不是在自己能力圈内的公司？尤其是在全行业下跌的时候，投资者更应该恪守在能力圈内逆向投资这一原则。

比方说投资者想要逆向投资高端白酒行业的贵州茅台。贵州茅台从 2021 年年初高点 2600 元左右跌到了 2022 年年末 1300 元左右，市盈率（TTM）从最大值 73.29 倍跌到了最小值 28.46 倍，股价下跌了一半左右。投资者需要清楚以下问题。贵州茅台的客户是哪一类人群？站在 2023 年经济脆弱复苏的形势下，贵州茅台销量还会呈现供不应求的状态吗？贵州茅台的提价策略是否会延迟？如果延迟对于归母净利润的影响是多大？ 2023 年以后高端白酒的消费场景越来越多吗？老龄化日益严重后是否会利空贵州茅台系列酒的销量？"Z 世代"是否喜欢聚餐时喝贵州茅台？给予贵州茅台未来归母净利润的增长率是 15% 合适还是 20% 合适？

再比方说，投资者要逆向投资非银金融行业的东方财富。东方财富从 2022 年年初高点 40 元左右跌到了 2022 年年末 15 元左右，市盈率（TTM）从最大值 48.82 倍跌到了最小值 22.15 倍，股价下跌超过了一半。投资者需要判断以下问题。东方财富、天天基金两大 APP 的 MAU 上升空间还有多大？ 2023 年居民的超额储蓄会流向投资吗？ 2023 年以后居民可投资资产是否还会稳步增长？公司低成本获客优势是否可以持续？

再比方说投资者要逆向投资潮玩行业的泡泡玛特。泡泡玛特从 2021 年年初高点 107 元左右跌到了 2022 年年末 10 元左右，市盈率（TTM）从最大值 278.16 倍跌到了最小值 13.98 倍，股价下跌接近 90%。投资者需要思考以下问题。中国潮玩行业的成长空间有多大？中国潮玩市场规模未来 3~5 年的复合增长率为多少？哪些 IP 可以经久不衰？新 IP 的增长潜力如何？二胎、三胎政策不及预期对于泡泡玛特后续增长是否会有影响？对于 IP 生命周期的不确定性，泡泡玛特未来自由现金流折现应该怎么估算？

投资逻辑变化的公司不宜逆向投资

股价的下跌分可逆的和不可逆的，有些股价的下跌是不可逆的或者是至少要十几年才有投资逻辑上的变化，这个时候投资者去逆向投资往往死路一条而且投资者浑然不自知。随着股价的下跌，投资者可能会用低市盈率、低市净率去买一家看上去很便宜的公司，但公司的成长性几乎没有了，那么未来几年股价回升的概率就不太大。

价值投资要义

海螺水泥便是一个很好的例子。海螺水泥曾经给股东带来了丰厚的回报，每股收益从 2002 年的 0.23 元上升至 2019 年的 6.34 元。不过随着城镇化步入稳定发展阶段，全国水泥市场需求明显收缩。此外，水泥作为短腿行业，出口也受到了一定的限制，未来水泥行业的发展不太乐观。海螺水泥的股价从 2020 年 8 月高点 53 元下跌至 2023 年 7 月低点 23 元左右，每股收益从 2020 年的 6.63 元下降至 2022 年的 2.96 元。虽然股价下跌了这么多，但是由于海螺水泥的投资逻辑发生了变化，所以不适合逆向投资。

康美药业曾经一度受到了很多投资者的喜欢，但因财务造假被处罚后也带上了 ST 的帽子，投资价值几乎为零。康美药业股价从 2018 年高点 26 元左右下跌至 2022 年 2 元左右。

一般来说，投资逻辑发生根本性变化的企业实在是不适合逆向投资，逆向投资要注意投资标的。虽然便宜是真的便宜，不过市场在大多数情况下是有效的，不是所有的下跌都是机会，我们做逆向投资时要在市场下跌时买入那些被错误定价的好公司。

我们再来看看投资逻辑没有发生变化，适合逆向投资的企业。

2021 年互联网行业强监管和 2022 年中概股退市浪潮导致腾讯控股股价从 2021 年年初高点 775 元左右下跌至 2022 年年末 200 元左右，市盈率（TTM）从最大值 52.88 倍跌到了最小值 8.95 倍。当时腾讯控股大大小小受到了不少利空，包括反垄断、游戏业务被称为"精神鸦片"、投资收益减值等，但是这并不影响腾讯控股的基本面，QQ 和微信依旧是现代社会的社交刚需。截至 2023 年 8 月 8 日，腾讯控股市盈率（TTM）为 15.11 倍，非常适合逆向投资。

2023 年 3 月 31 日 CXO 行业的康龙化成在披露 2022 年年度报告的同时发布了《关于公司实际控制人及其一致行动人减持计划的预披露公告》，公告称实际控制人及其一致行动人计划在 2023 年 4 月 28 日至 2023 年 9 月 28 日通过大宗交易方式或集中竞价交易方式合计减持不超过 2500 万股（占公司总股本的 2.10%）。

此外，康龙化成 2022 年的业绩也不够亮眼。ROE 为 13.28%，同比减少 23.28%；营业收入为 102.66 亿元，同比增加 37.92%；归母净利润为 13.75 亿元，同比减少 17.24%。公司 2022 年业绩呈现出增收不增利的情况。

第三章 投资原则

年份	2022	2021	同比增减
ROE（%）	13.28	17.31	-23.28%
营业收入（亿元）	102.66	74.44	37.92%
归母净利润（亿元）	13.75	16.61	-17.24%
扣非净利润（亿元）	14.21	13.41	6.01%
经营现金流（亿元）	21.43	20.58	4.12%

来源：康龙化成 2022 年年度报告

实际控制人及其一致行动人减持再加上公司 2022 年业绩不够惊艳导致了 2022 年 3 月 31 日康龙化成 A 股和港股股价大跌。2022 年 3 月 31 日，康龙化成 A 股起始价为 38.23 元，最终价为 32.40 元，涨跌幅为 -15.25%；港股起始价为 26.37 港元，最终价为 21.70 港元，涨跌幅为 -17.73%。

在 2023 年 6 月 21 日康龙化成发布的《康龙化成（北京）新药技术股份有限公司投资者关系活动记录表》中，管理层说到了关于实际控制人及其一致行动人二级市场减持的原因："公司实际控制人减持首发上市前持股的安排主要出于以下两方面的考虑。一方面是公司对上市前已入职的且持股时间超过于 6 年的、长期为公司发展做出贡献的核心技术骨干员工的股权激励提供流动性，本次减持所获得资金超过三分之二的部分是用于满足上述员工改善自身生活的资金需求。公司认为此安排有利于调动员工积极性和创造性、有效提升核心团队凝聚力和企业核心竞争力，为公司的持续发展打下更好的基础。另一方面，公司实际控制人需减持部分股票以履行其因持有公司股份产生的纳税义务及相关债务。公司高管持续坚定地看好公司的发展前景，并将一如既往地踏实做好经营，用良好的经营成果回馈 A+H 两地投资人。"

事实上，虽然康龙化成大股东减持且短期业绩不理想，但全球医药研发投入不断增长的趋势没有变，CXO 企业依旧会从中受益，所以康龙化成的投资逻辑并没有变化。截至 2023 年 8 月 8 日，康龙化成 A 股市盈率（TTM）为 34.83 倍，A 股估值在合理区间，港股市盈率（TTM）为 20.40 倍，港股估值比较便宜，适合逆向投资。

2023 年 7 月 3 日，保健品行业的汤臣倍健发布《汤臣倍健股份有限公司

价值投资要义

2023年半年度业绩预告》，公告称上半年归母净利润比上年同期增长30%~50%、扣非净利润比上年同期增长18.55%~39.09%。其实这是一份还不错的业绩预告，不过市场并不领情，2023年7月4日，汤臣倍健起始价24.25元，最终价21.25元，涨跌幅为-12.37%。这种短期业绩导致的股价下跌并不影响长期投资逻辑，居民健康意识提升导致医疗保健类支出上升，利好保健品行业。截至2023年8月8日，汤臣倍健市盈率（TTM）为18.37倍，估值并不高，适合逆向投资。

逆向投资不仅仅局限于在市场下跌时买入

市场普遍的观点认为逆向投资是买跌不买涨。在市场极度恐慌、股价极速下跌的时候，总会有一些人出来喊要逆向投资，但随着市场开始上涨，很多人就不愿意买了，他们希望等股价再次下跌的时候买。投资要大气，希望市场再跌一些再买，让成本足够的低其实也是一种贪心，因为如果这样的话可能会错过很多好公司的买入机会。

逆向投资的"逆向"应该时相对于估值，而不是相对于短期的历史股价。我们做逆向投资，是希望市场下跌时迎来好公司低估买入的机会，而低估是一个区间，并不是一个点，只要股价在低估区间里，应该就是投资者买入的机会。2015年之后白酒开始了新的上升周期，如果给予贵州茅台25至30倍的市盈率，那么在此市盈率之下都是投资者买入的机会。不是说只有2013—2014年买贵州茅台才是逆向投资，2015年以后贵州茅台价格上涨了去买就不是逆向投资，事实上从当时贵州茅台年度报告看，站在一线的管理层对于白酒板块都是比较悲观的。

2013年贵州茅台年度报告：2013年度，是公司跨越式发展征程中挑战最多、困难最大的一年，国内外形势错综复杂，行业持续深度调整。

2014年贵州茅台年度报告：当前白酒行业仍处于深度调整期，面临多重挑战；白酒行业仍处于调整期，行业产能扩张过度，供大于求，行业竞争更加多维化和白热化，白酒市场竞争更趋激烈；白酒行业政策性压力和市场压力持续存在。

根据2015年贵州茅台年度报告：虽然白酒行业初步出现转机，但从外部需

第三章　投资原则

求、人口结构、渠道调整来看，其仍处于筑底阶段。

直到2016年管理层状态才调整过来。2016年贵州茅台年度报告：2016年，白酒行业经过近年深度调整，在名优白酒企业弘扬悠久文化、优化产品结构、强化市场管控、精耕深耕市场等举措下，呈现出产量增速持续在底部徘徊、收入和利润恢复性增长的强分化复苏态势。

回头看，2015年以后，贵州茅台再也没有回到2013—2014年那样让投资者流口水的价格，但是2015—2016年的时候只要在贵州茅台是25~30倍市盈率之下买入，现在看都是赚钱的。如果投资者在2015年的时候没有调整过来，那么2016年的时候应该知道贵州茅台不会再回到2013—2014年的困境，所以即使在2015—2016年贵州茅台上涨时买入也属于逆向投资。

其实逆向投资不是根据股价涨跌幅来的，而是根据估值来的。投资者在估值较低的时候买入有前景的好公司就属于逆向投资，如果投资者纠结于短期的涨跌幅、单日股价的变动，那就和投机者没什么区别。

在《邓普顿叫你逆向投资》里有个很好的比喻，就是将每天股票市场的波动比作天气。每天股市的上涨可以看作是晴天，下跌看作是雨天。逆向投资表面上看是与市场作对，实际上是以低成本的价格买入优质公司的股权，所以逆向投资的好处便是低持仓成本。

而趋势投资的顺向投资策略则相反，顺向投资很容易让投资者买在人声鼎沸时，卖在无人问津处。格雷厄姆曾经说过：牛市是普通投资者亏损的主要原因。在行情大好时，顺向投资者会不断买入，这就导致了高昂的持仓成本。买入2600元的贵州茅台、350元的五粮液、775元的腾讯控股、116元的恒瑞医药、48元的中国石油都是顺向投资者会做的事情。即使买入后市场继续上涨，高持仓成本也意味着收益率不会很高。买入2600元的贵州茅台要上涨到5200元收益率才能达到100%。

芒格说过："反过来想，总是反过来想。"如果投资者知道自己"死"在哪里，就永远不会去那个地方。如果知道高持仓成本会带来亏损，那么投资者就采用逆向投资策略降低持仓成本。不过逆向投资者需要有一定的承受力，由于没有人可以买在最低点，所以浮亏是逆向投资的常态。逆向投资者一定要经得起浮亏，只有经得起浮亏才能取得超额收益。

价值投资要义

商业模式与管理层

在投资一家企业的时候，商业模式和管理层都是非常重要的因素。

优秀的商业模式可以保证业绩的可持续性和稳定性，是企业长期竞争力的来源。优秀的管理层拥有杰出的计划、组织、领导、控制能力，管理层的技术技能、人际技能和概念技能可以让一家奄奄一息的企业起死回生，可以让一家平平无奇的企业脱颖而出，也可以让一家出类拔萃的企业硕果累累。

从商业模式和管理层来看，我们可以将企业分为四类：

优秀商业模式 ∧ 优秀管理层

优秀商业模式 ∧ 平庸管理层

平庸商业模式 ∧ 优秀管理层

平庸商业模式 ∧ 平庸管理层

（"∧"表示"且"的意思）

首先，我们需要排除"平庸商业模式 ∧ 平庸管理层"类型的企业。作为投资者，我们可以通过企业的财务报表和研究报告分析出企业的商业模式，从而判断一家企业的商业模式是优秀的还是平庸的。管理层的能力和品质则需要投资者多方位考察。

通过企业的年度报告，我们可以了解管理层的一些基本信息，包括年龄、薪酬、持股情况等。

来看看贵州茅台管理层的情况。根据贵州茅台2022年年度报告，贵州茅台董事长为丁雄军，接下来我们来看看贵州茅台2022年年度报告对丁雄军主要工作经历的描述：曾任贵州省政府副秘书长、办公厅党组成员，贵州省委全面深化改革领导小组办公室副主任，贵州省毕节市委常委、副市长（分管市政府常务工作），贵州省能源局党组书记、局长；现任中国贵州茅台酒厂（集团）有限责任公司党委书记、董事长、董事，贵州茅台酒股份有限公司党委书记、董事长、董事，茅台学院董事长、董事。

从履历中我们可以看出，丁雄军担任贵州茅台的董事长主要是因为其政治背景。

再来看格力电器管理层的情况。根据格力电器2022年年度报告，格力电器董事长为董明珠，接下来我们来看看格力电器2022年年度报告对董明珠任职情况的描述：董明珠女士，硕士研究生学历，现任珠海格力电器股份有限公司董事长兼总裁；历任格力电器业务员、经营部副部长、经营部部长、副总经理、副董事长兼总裁等职务。

与贵州茅台管理层不同，董明珠一开始是格力电器的业务员，后来逐步成为格力电器的董事长兼总裁。

我们再来看看董明珠的持股情况。根据格力电器2022年年度报告，董明珠的期初持股数为44488492股，期末持股数为44488492股，整个2022年董明珠的持股数量没有变动，没有增持或减持。

除了管理层的一些基本信息以外，现在不少企业的年度报告中会有董事长致辞，董事长致辞不仅可以让投资者了解企业的经营情况，还能让投资者对管理层的未来战略规划有进一步的了解。

福耀玻璃年度报告中有曹德旺的董事长致辞。2022年福耀玻璃年度报告中的董事长致辞写道："2023年，全球经济形势依然严峻，欧美发达国家经济将继续减缓，消费需求将进一步降低，供应链恢复稳定尚需时日，社会面信用风险预计加大等，将成为年度发展的重要影响因素。"

受益于汽车电动化、智能化的发展，2022年福耀玻璃的业绩其实很不错，2022年福耀玻璃ROE同比增加36.19%、营业收入同比增加19.05%、归母净利润同比增加51.16%、扣非净利润同比增加65.69%、经营现金流同比增加3.81%。不过曹德旺对于未来的看法比较谨慎，对2022年的业绩增长也比较冷静。站在2023年年中，我们发现曹德旺对于2023年的经济形势预判比较准确。根据国家统计局数据，2023年上半年GDP为593034亿元，同比增长5.5%；全国固定资产投资为243113亿元，同比增长3.8%；CPI同比上涨0.7%；PPI同

价值投资要义

比下降 3.1%；上半年全国城镇调查失业率平均值为 5.3%。整体上数据还是偏弱的，我们可以看到福耀玻璃管理层对于 2023 年经济形势的预判还是比较准确的。

汤臣倍健也有梁允超的董事长致辞。我们可以看下 2019 年汤臣倍健收购 Life-Space Group Pty Ltd（简称"LSG"）商誉暴雷后梁允超的董事长致辞："汤臣倍健一直以来奉行十分稳健，甚至可以说是保守的财务政策，我本人多年来一直告诫自己和团队，并购市场是吃下去容易，咽下去难，消化好更是难上加难。上市多年以来一直在全球 VDS 市场寻找战略性的合作/并购机会，这些年全球市场出现的同行业主要标的基本都看过，放弃过多个并购的机会。没料到在第一次下手的海外并购中就出现在短时间内巨大商誉减值，直接带来公司上市以来的第一次亏损。痛定思痛，收购 LSG 时的三个战略逻辑：跨境电商、国际化、益生菌细分市场仍然成立。'不经历危机就不会有抗体'，至低点，再出发。"我们可以看出汤成倍健的管理层在年度报告中是直面收购 LSG 商誉暴雷这件事情的，但是对于收购 LSG 的出发点依旧是肯定的。

我们可以通过管理层在年度报告中致辞了解管理层对于企业经营的看法以及未来发展的期望，不过我们很难从中洞察出管理层的品质。

招商银行管理层田惠宇就是一个很好的例子。在 2014 年招商银行年度报告中，田惠宇行长提道："2014 年，招商银行认真落实监管部门和董事会的各项要求，以打造"轻型银行"为目标，以"服务升级"为路径，立足"一体两翼"的战略定位，继续深化战略转型，在转型的具体化、可操作、强执行方面迈出极为关键的一步，成效初显。"

这是招商银行首次提出"轻型银行"的概念，可见田惠宇行长将轻型银行作为招商银行接下来的战略转型方向。

在 2020 年招商银行年度报告中，田惠宇行长提道："望眼'十四五'，潮来风起。小康社会全面建成，'双循环'战略格局下，居民财富结构迎来巨变，伴随'房住不炒'、养老第三支柱建设等政策出台，居民家庭金融资产配置比例将快速提升；国民经济结构深刻调整，企业加快直接融资步伐，资本市场深化改革，公募 REITs 全面启动，资产端供给进入百花齐放的新时代。一端是资产，一端是资金，一端是需求，一端是供给，实体经济转型升级的愿景与人民美好生活的愿望实现历史性的交融，站在社会融资和居民财富中央的商业银行责无旁贷，大财富管理成为打通供需两端、服务实体经济、助力人民实现美好生活的主要'连接器'。"

2020 年招商银行将财富管理作为未来发力方向，田惠宇行长也在行长致辞中表明要打造大财富管理价值循环链。

纵观田惠宇行长在任期间的行长致辞，不少投资者都惊叹于田惠宇行长对招商银行轻型银行转型和银行 3.0 转型所做的贡献，很难想象到他会违纪违法。2022 年 4 月 19 日招商银行发布《关于行长变动的公告》，公告称招商银行于 4 月 18 日以远程视频电话会议方式召开了第十一届董事会第三十八次会议，会议审议通过了《关于田惠宇先生免职的议案》，同意免去田惠宇先生的招商银行行长、董事职务。2022 年 4 月 23 日招商银行发布《重要事项公告》，公告称根据中央纪委国家监委网站 2022 年 4 月 22 日披露的信息，招商银行原党委书记、行长田惠宇涉嫌严重违纪违法，目前正接受中央纪委国家监委纪律审查和监察调查。

不过也有很多企业在年度报告中并没有董事长致辞这一项，比方说贵州茅台、格力电器、牧原股份等。考虑到企业年度报告的局限性，我们还需要通过其他路径补充了解企业的管理层，从而帮助我们分辨出优秀管理层和平庸管理层。

首先，在互联网时代我们还可以看到企业管理层的文字访谈、视频采访等内容，比方说我们可以在互联网上看到海底捞创始人张勇接受采访的视频，张勇在采访中说："海底捞的节奏不会因为上市或者什么发生改变……我觉得我穷其一生能把海底捞管理好就可以了。"

其次，我们可以参加股东大会、业绩说明会，和企业管理层线上线下沟通交流。比方说 2023 年 5 月 19 日，2022 年贵州茅台召开 2022 年度及 2023 年第一季度业绩说明会，在会上，贵州茅台董事长丁雄军回复了投资者关注的茅台酒价格问题，丁雄军指出："从法律角度看，茅台酒的价格严格按照《价格法》等法律法规，基于生产经营成本、品牌定位、宏观环境、供求状况等因素依法制定；从市场角度看，商品属性是茅台酒的本质属性，其价格的形成受供求关系、宏观经济、消费偏好等多重因素影响，茅台充分遵循市场规律，呼应市场

价值投资要义

需求。"

最后，我们可以阅读管理层所著的一些书籍。要了解分众传媒董事长江南春，可以去读《抢占心智》和《人心红利》、要了解福耀玻璃董事长曹德旺，可以去读《心若菩提》；要了解新东方董事长俞敏洪；可以去读《在绝望中寻找希望》《我曾走在崩溃的边缘：俞敏洪亲述新东方创业发展之路》《在对的时间做对的事：俞敏洪写给年轻人的8堂创业课》等书。

"优秀商业模式^优秀管理层"毫无疑问是最佳选项，优秀商业模式的企业配上优秀的管理层，简直就是如虎添翼。

高端白酒行业中贵州茅台和季克良就是"优秀商业模式^优秀管理层"的代表。贵州茅台拥有着无与伦比的商业模式。由于其稀缺性，贵州茅台长期处于供不应求的状态。贵州茅台的商业模式是奢侈品的商业模式：高毛利高净利低周转。在前文中我们提到过贵州茅台的毛利率在90%左右。贵州茅台的净利率也很高，在50%左右。贵州茅台的存货周转率不高，在0.3次左右。季克良董事长被誉为"国酒教父"，1964年季克良从无锡轻工业学院毕业后被分配到贵州茅台酒厂工作，随后季克良便将一生奉献给了贵州茅台，在贵州茅台整整工作了51年。

对于"优秀商业模式^优秀管理层"这一类型的企业，投资者应该是没有争议的，买到了就是捡到宝。可惜"优秀商业模式^优秀管理层"这一类型的企业毕竟是稀有的，投资者遇到的大多数企业是优秀商业模式和优秀管理层两者只占其一，所以关键问题在于"优秀商业模式^平庸管理层"和"平庸商业模式^优秀管理层"这两者之间选哪个？

投资者是会选择一家商业模式优秀但是管理层平庸的企业还是选择一家管理层优秀但是商业模式平庸的企业？

答案需要具体问题具体分析。小企业，商业模式尚未成熟，管理层的作用要更大一些，所以对于小企业来说，投资者应该选择"平庸商业模式^优秀管理层"这一类型。而对于大企业，商业模式几乎已经形成，管理层的作用则很有限，所以对于大企业，投资者应该选择"优秀商业模式^平庸管理层"这一类型。

医药行业中的恒瑞医药早期发展时属于"平庸商业模式^优秀管理层"这

第三章 投资原则

一类型。恒瑞医药成立之初主营业务为原料药和基础用药，从1990年公司开始转型做仿制药的生产与销售，从2008年开始将重心放在了创新药上，步入全面创新阶段。董事长孙飘扬在推动恒瑞医药的成长转型中起了关键作用，孙飘扬说过这样一句话："你没有技术，你的命运就在别人手里。我们要把命运抓在自己手里。"孙飘扬是技术员出身，逐步做到恒瑞医药的董事长，带领恒瑞医药从原料药向仿制药转型、从仿制药向创新药转型，让恒瑞医药的营收和净利润稳步增长。正因为管理层的前瞻性战略布局，才让恒瑞医药抢占了市场先机。

然而恒瑞医药的商业模式真的优秀吗？站在商业模式的视角来看，恒瑞医药其实只是一家普通的创新药企业，并不是十分突出。和所有创新药企业一样，恒瑞医药要面临临床失败、销售不及预期、集采政策等压力，所以恒瑞医药的商业模式是一个平庸的商业模式。

恒瑞医药早期成长的例子说明对于小企业来说管理层的作用至关重要，所以投资小企业很大程度上是投资管理层。

不过当投资对象变成大企业的时候，答案就向商业模式倾斜了。

目前高端白酒行业中的贵州茅台和五粮液属于"优秀商业模式^平庸管理层"这一类型。贵州茅台和五粮液都是国有企业，管理层以政府背景为主，体制内考核与市场化考核有一定差距。贵州茅台在近几年出现了一些违纪违法的管理层。五粮液的管理层有换届限制，管理层的业绩考核也偏短期，这影响了五粮液的长期经营战略。不过这对于贵州茅台和五粮液的营收和净利润影响比较有限，贵州茅台和五粮液的商业模式已经非常成熟了，管理层的作用就弱化了。贵州茅台和五粮液的商业模式十分优秀：长期被人需要、不可替代、提价权，这一点几乎是没有什么争议的。

目前中药行业的片仔癀与云南白药也属于"优秀商业模式^平庸管理层"这一类型。片仔癀和云南白药也都是国有企业。云南白药管理层在主营业务进入缓慢增长期时用公司闲置资金去做股票投资，导致公司账面上交易性金融资产增加，第二增长曲线布局也较紊乱。片仔癀也有一些违纪违法的管理层。不过云南白药和片仔癀的商业模式是优秀的，云南白药和片仔癀是国家绝密级配方，保密期限为永久，这相当于无限期专利保护。此外，借助云南白药和片仔癀的品牌，云南白药延伸出大健康领域产品、片仔癀拓展出日化化妆品，这可

价值投资要义

以继续发挥两家公司的品牌优势。

"优秀商业模式^平庸管理层"的大企业其实也是有规律的。一般来说，管理层几乎不为人知，但是长期股价涨得比较好的大企业基本上都属于"优秀商业模式^平庸管理层"这一类型。贵州茅台、五粮液、片仔癀和云南白药的例子说明对于大企业来说商业模式的影响要更大一些，所以投资大企业归根结底是投资商业模式。

我们可以比较一下贵州茅台、片仔癀、格力电器和万科A这四家企业各项盈利指标，来看看对于大企业来说，商业模式和管理层哪一个作用大一些。

前文已经论述过贵州茅台和片仔癀属于"优秀商业模式^平庸管理层"这一类型。家电行业的格力电器属于"平庸商业模式^优秀管理层"这一类型。家电企业面临的竞争一直都很激烈，很难有优秀的商业模式，经常出现价格战的情况，格力电器也是经过一路厮杀才成为空调行业的老大。在格力电器的发展中，管理层董明珠起到了很大的作用。董明珠进入格力电器以后是从业务员开始做起的，由于其倔强较真的性格，帮助格力电器拓展了不少市场。执掌格力电器以后，营销出身的董明珠也非常重视格力电器的研发，表示格力电器研发经费上不封顶。

房地产行业中的万科A也是属于"平庸商业模式^优秀管理层"这一类型。房地产发展这么多年都没有出现垄断者，这就已经说明房地产行业的商业模式非常平庸。万科A是房地产行业中的佼佼者，但是大家去买一套房首先考虑的是房地产企业的品牌吗？并不是，大家买房首先考虑的是地段。学区、地铁、商业这三大要素比房地产企业的品牌要重要的多。郁亮也在采访中表示：万科没有核心竞争力。

管理层在推动万科A成为房地产企业老大的过程中起到了关键性的作用。王石于1984年创立了万科，带领万科从多元化向专业化、精细化转型，1999年王石辞去万科总经理职位，专注做董事长。2001年，郁亮接任万科总经理并带领万科不断追求核心竞争力。

考虑到房地产在2020年以后一直在走下坡路，我们就比较贵州茅台、片仔癀、格力电器和万科A这四家企业从2010年到2019年的各项财务指标的变化。

第三章 投资原则

贵州茅台		
年份	2010	2019
ROE（%）	30.91	33.09
营业收入（亿元）	116.33	888.54
归母净利润（亿元）	50.51	412.06
扣非净利润（亿元）	50.50	414.07
片仔癀		
年份	2010	2019
ROE（%）	22.17	23.64
营业收入（亿元）	8.67	57.22
归母净利润（亿元）	1.94	13.74
扣非净利润（亿元）	1.70	13.55
格力电器		
年份	2010	2019
ROE（%）	36.51	25.72
营业收入（亿元）	608.07	2005.08
归母净利润（亿元）	42.76	246.97
扣非净利润（亿元）	40.27	241.72
万科A		
年份	2010	2019
ROE（%）	17.79	22.47
营业收入（亿元）	507.14	3678.94
归母净利润（亿元）	72.83	388.72
扣非净利润（亿元）	69.84	383.14

来源：公司年度报告

我们可以很清晰地看出贵州茅台营业收入从2010年到2019年翻了8倍左右，归母净利润从2010年到2019年也翻了8倍左右。片仔癀营业收入从2010年到2019年翻了7倍左右，归母净利润从2010年到2019年也翻了7倍左右。

价值投资要义

而格力电器营业收入从 2010 年到 2019 年翻了 3 倍左右，归母净利润从 2010 年到 2019 年翻了 6 倍左右。万科 A 营业收入从 2010 年到 2019 年翻了 7 倍左右，归母净利润从 2010 年到 2019 年翻了 5 倍左右。

从业绩上贵州茅台和片仔癀就超过了格力电器和万科 A，这样我们也就能理解为什么贵州茅台和片仔癀 2010—2019 年股价涨跌幅超过格力电器和万科 A 了。按前复权价格算，2010 年 1 月 4 日至 2019 年 12 月 31 日，贵州茅台起始价为 100.63 元，最终价为 1114.59 元，涨跌幅为 1007.58%；2010 年 1 月 4 日至 2019 年 12 月 31 日，片仔癀起始价为 8.65 元，最终价为 108.22 元，涨跌幅为 1151.23%；2010 年 1 月 4 日至 2019 年 12 月 31 日，格力电器起始价为 5.21 元，最终价为 51.40 元，涨跌幅为 886.85%；2010 年 1 月 4 日至 2019 年 12 月 31 日，万科 A 起始价为 6.93 元，最终价为 27.63 元，涨跌幅为 298.75%。

从贵州茅台、片仔癀、格力电器和万科 A 各项盈利指标的对比中，我们可以看出对于大企业来说商业模式比管理层重要。

不过这只是绝大多数企业的情况，凡事都有例外。新东方就是这样一个另类。新东方属于"平庸商业模式 ^ 优秀管理层"这一类型。教育行业的商业模式比较平庸。教育行业的名声是由机构里最好的老师决定的，但教育行业的口碑是由教育机构里最差的老师决定的。而新东方的管理层无疑是优秀的。俞敏洪 1985 年从北京大学毕业后留校任教，1993 年正式创办北京新东方学校，随后将新东方打造成中国规模最大、最具影响力的教育培训机构。

新东方算是一家商业模式成熟的大企业，随着新东方规模逐渐扩大以后，新东方管理层的影响就淡化了。随着"双减政策"的推出，教育企业的商业模式几乎被颠覆，股价断崖式下跌，市场上的投资者都在抛售教育企业的股票。而新东方的管理层俞敏洪在考虑到中国农业基础设施、商业基础设施、网络支付平台、5G 网络已发展成熟的背景下，改变新东方原有的商业模式，通过拓展直播电商业务出圈，成立东方甄选，转危为机，在绝望中寻找希望。

其实关于商业模式与管理层谁更重要这一问题，沃伦·巴菲特和查理·芒格早就发表过他们的观点。

巴菲特将企业比作船、将管理层比作船长，在 1989 年致股东的信中表达了他对于商业模式与管理层谁更重要这一问题的看法："从个人的经验与观察得到

第三章 投资原则

一个结论,那就是一项优异的纪录背后(从投资报酬率的角度来衡量),你划的是一条怎样的船更胜于你怎样去划这条船(虽然一家企业的好或坏、努力与才能也很重要)。几年前我曾说当一个以管理著名的专家遇到一家不具前景的企业时,通常是后者战胜前者。如今我的看法一点儿也没变。当你遇到一艘总是会漏水的破船时,与其不断白费力气地去修补漏洞,还不如把精力放在如何换条好船上面。"

芒格在 1994 年南加州大学马歇尔商学院的演讲中说道:"理想的情况是——我们遇到过很多这种情况——你买入的伟大企业正好有一位伟大的管理者,因为管理人员很重要。例如,通用电气的管理者是杰克·韦尔奇,而不是那个掌管西屋电气的家伙,这就造成了极大的不同。所以管理人员也很重要。而这有时候是可以预见的。我并不认为只有天才能够明白杰克·韦尔奇比其他公司的管理者更具远见和更加出色。""然而一般来说,把赌注押在企业的质量上比押在管理人员的素质上更为妥当。换句话说,如果你们必须作选择的话,要把赌注押在企业的发展前景上,而不是押在管理者的智慧上。在非常罕见的情况下,你会找到一个极其出色的管理者,哪怕他管理的企业平平无奇,你们对他的企业进行投资也是明智的行为。"

结合巴菲特和芒格的言论,如果能买到"优秀商业模式^优秀管理层"这样的企业是最好的,而当商业模式和管理层只能选择一项时,绝大多数情况下要选择商业模式。买股票不是在买管理,买股票是在买公司。

虽然肯定了管理层的作用,但两位老人都认为商业模式比管理层更重要。这其实是有原因的。巴菲特 1989 年的"划船理论"和芒格 1994 年的演讲都是两位老人后期提出的观点。由于资金量的问题,巴菲特和芒格后期购买的都是大企业,小企业容纳不下伯克希尔·哈撒韦的资金量。而在大企业中商业模式是比管理层重要的。此外,巴菲特和芒格看到了伯克希尔纺织业务的困境以后,两位老人更加明白即使是再优秀的管理层也无法拯救一个经营困难的企业。

而在 2010 年西科金融股东大会上,股东问查理·芒格:"如果您像我这么年轻,而且没有钱,您会投资具有成长性的小公司,还是寻找格雷厄姆式的烟蒂股?"芒格回答道:"我当然会在小盘股中寻找机会。我会努力挖掘所有存在信息不对称性的机会。我希望我能具有信息优势,掌握别人不知道的重要信息。

价值投资要义

研究杜邦、陶氏这样的大公司，很难获得信息优势。如果我管理小资金，我不会投资大盘股，和大资金对着干。默克和辉瑞两家公司，谁研发的重磅药更有潜力？这样的问题不是小资金该琢磨的：第一，这样的问题很难；第二，你的对手是很多聪明人。我会发挥自己的长处，做大量的研究工作，寻找市场出现无效性的机会，寻找我比对手更具信息优势的机会。这样的机会可能散落在很多地方，最重要的是，你们要明白，要取得成功，一定要去竞争比较弱的地方。这就是我的秘诀，我毫无保留地告诉你们了。"

根据芒格在2010年西科金融股东大会上的回答，如果投资者资金量小的话，其实没有必要跟随大资金去购买大盘股，一些小盘股可能会有一些被埋没的投资价值，从而让投资者获取更高的收益率。

而分析小盘股和分析大盘股是不同的，很多小盘股的商业模式还没有完全成形，管理层可以改变其商业模式从而让企业战略和经营更符合行业的发展，此时的管理层要比商业模式重要。

总的来说，投资者如果能买到"优秀商业模式^优秀管理层"这一类型的企业是最好的。而倘若"市场先生"一直不给机会，一定要让投资者在"优秀商业模式^平庸管理层"和"平庸商业模式^优秀管理层"两种类型中选择其中一项，投资者要具体问题具体分析：如果买大企业，则选"优秀商业模式^平庸管理层"这一类型；如果买小企业，则选"平庸商业模式^优秀管理层"这一类型。

第三章 投资原则

宏观经济与微观企业

很多投资者在做股票投资的时候每天会接收到各种各样的宏观消息，比方说国家统计局公布 2023 年上半年经济数据、美元加息预期降温等。由于这些热点新闻的趣味性，不少投资者热衷于分析来分析去，把自己弄得跟经济学家一样。

宏观经济可以分为国际宏观和国内宏观。国际宏观包括全球经济、中美博弈、外汇市场、进出口等，国内宏观包括中国经济、行业政策等。我们可以看出宏观经济涉及面非常广阔，可以从 GDP、CPI、PPI、汇率一直到货币政策、财政政策。

我们投资的公司不可能不受到宏观经济的影响，宏观至微观的传导链路为：宏观经济→中观产业→微观企业。我们可以举一些具体的例子来看看宏观经济是如何影响微观企业的。

先来看看燃油车购置税优惠政策。2022 年 5 月 31 日，发布《关于减征部分乘用车车辆购置税的公告》，对购置日期在 2022 年 6 月 1 日至 2022 年 12 月 31 日期间内且单车价格（不含增值税）不超过 30 万元的 2.0 升及以下排量乘用车，减半征收车辆购置税，由 10% 下降至 5%。

汽车市场向来与宏观经济紧密关联，政府会在宏观经济下行时通过政策刺激汽车消费。受俄乌冲突和国内疫情影响，2022 年 3 月至 4 月燃油车市场产销两端都很低迷，2022 年 1 月至 4 月燃油车合计销量为 613.5 万辆，同比下降 23.5%。

2022 年的购置税优惠政策是第三轮购置税优惠政策。第一轮购置税优惠政策是在 2009—2010 年。2009 年 1 月 16 日，发布的《关于减征 1.6 升及以下排量乘用车车辆购置税的通知》，对 2009 年 1 月 20 日至 12 月 31 日购置 1.6 升及以下排量乘用车暂减按 5% 的税率征收车辆购置税。

到了 2019 年 12 月 22 日，以退坡一半的形式延续优惠，发布《关于减征 1.6 升

价值投资要义

及以下排量乘用车车辆购置税的通知》，对 2010 年 1 月 1 日至 12 月 31 日购置 1.6 升及以下排量乘用车暂减按 7.5% 的税率征收车辆购置税。

第一轮购置税政策累计减免购置税 471 亿元，2009 年中国 1.6L 及以下乘用车销量增速为 71%，2010 年中国 1.6L 及以下乘用车销量增速为 34%。

第二轮购置税优惠政策是在 2015—2017 年。2015 年 9 月 29 日，发布《关于减征 1.6 升及以下排量乘用车车辆购置税的通知》，自 2015 年 10 月 1 日起至 2016 年 12 月 31 日止对购置 1.6 升及以下排量乘用车减按 5% 的税率征收车辆购置税。

到了 2016 年 12 月 13 日，以退坡一半的形式延续优惠，发布《关于减征 1.6 升及以下排量乘用车车辆购置税的通知》，自 2017 年 1 月 1 日起至 12 月 31 日止对购置 1.6 升及以下排量的乘用车减按 7.5% 的税率征收车辆购置税，自 2018 年 1 月 1 日起恢复按 10% 的法定税率征收车辆购置税。

第二轮购置税累计减免购置税 1522 亿元，2015 年中国 1.6L 及以下乘用车销量增速 24%，2016 年中国 1.6L 及以下乘用车销量增速为 16%，2017 年中国 1.6L 及以下乘用车销量增速为 5%。

虽然第三轮购置税政策覆盖时间较前两轮短一些，但是覆盖范围较前两轮要广一些。根据 2021 年上险与乘用车销量数据，2.0L 及以下排量乘用车占燃油乘用车比例达到 98%，占整体乘用车比重 83%；其中，30 万元以下车型占燃油乘用车销量比为 88%，占整体乘用车销量比为 80%。

第三轮购置税优惠政策直接利好燃油车整车行业，间接利好上游原材料行业、中游零部件行业和下游后市场服务行业。由于直接利好燃油车整车行业，部分燃油车整车企业涨幅也很可观。2022 年 6 月 1 日，海马汽车、东风汽车封涨停板。

我们再来看看个人养老金制度的推出。个人养老金制度是指政府政策支持、个人自愿参加、市场化运营、实现养老保险补充功能的制度。个人养老金实行个人账户制，缴费完全由参加人个人承担，自主选择购买符合规定的储蓄存款、理财产品、商业养老保险、公募基金等金融产品，实行完全积累，按照国家有关规定享受税收优惠政策。

通过购置税减免的例子，我们可以看出宏观经济的变化会真真切切地影响

第三章　投资原则

到中观行业和微观企业，会对中观行业和微观企业产生一定的利好或利空。可是如果投资者需要时时刻刻关注着宏观变化以做出投资决定，那么投资难度就大大提升了。

此外，真正的宏观分析其实很复杂，不是简简单单看几篇新闻报道和媒体评论就可以的。宏观分析模型有索洛模型、AD-AS 模型、IS-LM 模型、蒙代尔 - 弗莱明模型等，所涉及的理论复杂度远远超过普通投资者的知识范围。

正因为宏观的高复杂度，所以要用宏观来指导投资几乎不可能。沃伦·巴菲特就曾在 1998 年佛罗里达大学演讲中公开表达了不能用宏观来指导投资这一观点。在演讲中有人问巴菲特：能否谈谈当前脆弱的经济形势和利率问题？对将来的经济形势怎么看？

巴菲特回答道："我不研究宏观经济。投资中最紧要的是弄清什么事是重要的、可知的。如果一件事是不重要的、不可知的，那就别管了。你刚才说的东西很重要，但是我觉得是不可知的……宏观相关的问题，我根本不看不听。一般的投资顾问公司套路是这样的：先把他们的经济学家拉出来遛两圈，讲一些大的宏观格局，然后自上而下地分析。我觉得那些都是胡扯。就算艾伦·格林斯潘（第十三任美国联邦储备委员会主席）和罗伯特·鲁宾（第七十任美国财政部部长）一个在我左耳朵边、一个在我右耳朵边，悄悄告诉我他们接下来十二个月会怎么做，我都不为所动。"

巴菲特认为宏观是重要的，但是是不可知的，用宏观自上而下地分析来指导投资毫无作用。

关于这一点，查理·芒格也表达了同样的看法。在 1990 年伯克希尔·哈撒韦股东大会上，投资者问道："伯克希尔怎样分派经济预测任务？"

芒格说道："伯克希尔过去的繁荣并非出自对宏观经济的预测，我们对宏观经济并没有想太多，我们只是努力去做明智的事情。我们认为长期来看经济趋势将会走向平衡。我们是宏观经济走势的不可知论者。"巴菲特补充道："我们对利率变化、股市展望、经济或任何类似的东西没有任何看法。我们不知道这些东西将来会怎样。就算我们知道也很可能对我们没有什么帮助。"

因为负面宏观消息会给股市带来一定的冲击，所以投资者总是会有一种宏观经济与股票市场紧密相关的错觉，比方说 2008 年的全球金融危机直接导致了

价值投资要义

当年的大熊市。

根据国家统计局发布的《中华人民共和国2008年国民经济和社会发展统计公报》，初步核算全年国内生产总值为300670亿元，比上年增长9.0%；CPI同比增长5.9%；PPI同比增长6.9%。2008年的国际金融危机使得中国GDP增速结束了过去五年来两位数的增长。

年份	2004	2005	2006	2007	2008
GDP（亿元）	159878	183217	211924	257306	300670
同比增减	10.1%	10.4%	11.6%	13.0%	9.0%

来源：国家统计局

2008年沪深300涨跌幅为65.95%。所有个股基本上都在下跌，没有股票不在下跌。按前复权价格算，从2008年1月2日至2008年12月31日，贵州茅台起始价为134.48元，最终价为63.91元，涨跌幅为-52.47%；从2008年1月2日至2008年12月31日，片仔癀起始价为8.00元，最终价为4.06元，涨跌幅为-49.17%。

不过实际上宏观经济与股票市场的关联度并不高，尤其是在A股，中国股市和宏观经济的脱钩现象还是比较严重的，我们看几个反例即可。

2020年就出现了经济衰退而股市上涨的情况。

根据国家统计局发布的《中华人民共和国2020年国民经济和社会发展统计公报》，初步核算2020年全年国内生产总值为1015986亿元，仅比上年增长2.3%；CPI同比增长2.5%；PPI同比下降1.8%。由于新冠肺炎疫情的冲击，2020年经济形势较为严峻。

在2016—2020年这五年里，2020年GDP增速是最低的。

年份	2016	2017	2018	2019	2020
GDP（亿元）	746395	832036	919281	986515	1015986
同比增减	6.8%	6.9%	6.7%	6.0%	2.3%

来源：国家统计局

然而沪深300却在2020年不断上涨，2020年沪深300涨跌幅为27.21%。

第三章 投资原则

食品饮料、医药生物等行业的上涨幅度都很可观。按前复权价格算，从2020年1月2日至2020年12月31日，五粮液起始价为125.11元，最终价为278.22元，涨跌幅为122.38%；从2020年1月2日至2020年12月31日，恒瑞医药起始价为60.05元，最终价为91.98元，涨跌幅为53.18%。

2021年中国GDP增速恢复，而股市却在不断走熊。

根据国家统计局发布的《中华人民共和国2021年国民经济和社会发展统计公报》，初步核算全年国内生产总值为1143670亿元，比上年增长8.1%；CPI同比增长0.9%；PPI同比增长8.1%。中国经济在疫情防控下恢复高质量增长。

2021年沪深300涨跌幅为–5.20%，光看沪深300可能感觉还好，不过具体到行业上面分化很大。有色金属、新能源汽车等行业不断走强。按前复权价格算，从2021年1月4日至2021年12月31日，赣锋锂业A股起始价为70.86元，最终价为100.20元，涨跌幅为41.41%；从2021年1月4日至2021年12月31日，宁德时代起始价为193.39元，最终价为324.03元，涨跌幅为67.55%。而食品饮料等行业不断走弱。按前复权价格算，从2021年1月4日至2021年12月31日，金龙鱼起始价为107.76元，最终价为62.69元，涨跌幅为–41.82%；从2021年1月4日至2021年12月31日，海天味业起始价为113.85元，最终价为78.04元，涨跌幅为–31.45%。

宏观经济好股市不一定上涨，宏观经济差股市不一定下跌。宏观经济作用到中观行业会有一定的分化，这会导致不同行业涨跌幅不同。而最后传导至微观企业差异化就更大了，所以我们经常可以看到上证指数在涨而个股在跌的情况。

不过有些行业跟宏观经济是高度相关的，宏观经济会影响其景气性，比方说煤炭、有色金属、石油化工等行业是顺PPI周期的；基础化工、食品饮料、电子等行业是顺CPI周期的。

说到石油化工是顺PPI周期的，有些投资者会觉得巴菲特是通过宏观分析做出投资中国石油这一决定的，其实不然。我们不妨来梳理一下巴菲特投资中国石油的案例。

2002—2003年，巴菲特旗下的伯克希尔·哈撒韦买入23.4亿股中国石油港股，均价1.62港元，总共投资成本为4.88亿美元。中国石油是2000年4月7

价值投资要义

日在港股上市的,而巴菲特只是读了中国石油的年度报告就买入了中国石油。

巴菲特买入中国石油港股基于三个原因。首先,中国石油的市值远低于其内在价值。巴菲特评估中国石油的内在价值约为1000亿美元,而当时中国石油的市值只有370亿美元左右。其次,2003年国际原油价格处于低位,未来上涨可能性较大。2003年国际原油价格在25~30美元一桶徘徊,巴菲特看涨未来油价。2007年巴菲特在接受中央电视台《经济半小时》采访时说道:"石油公司利润主要是依赖于油价,如果原油在30美元一桶的时候,我们对未来盈利前景很乐观……中国石油的收入在很大程度上依赖于未来十年原油的价格,不过30美元一桶的时候我非常肯定。"最后,对美元的长期看空让巴菲特涉足外汇市场。虽然巴菲特旗下的伯克希尔·哈撒韦投资大部分都是美国公司,但是美国的贸易赤字强迫全世界其他国家吸收美国的债权和资产。在2003年致股东的信中巴菲特说道:"2002年我人生中第一次进入外汇市场,2003年我们进一步扩大这方面的投资,主要在于我个人长期看空美元。"

2007年巴菲特旗下的伯克希尔·哈撒韦将持有的中国石油港股全部卖出,每股卖出价为13.5港元,卖出总市值约为40亿美元。

巴菲特卖出中国石油主要有两个原因。首先,原油价格大幅上涨,巴菲特在国际原油价格80~100美元一桶的时候卖出中国石油。其次,中国石油市值已经回归到合理位置。在2007年致股东的信中巴菲特说道:"在去年,两个因素使得中国石油内在价值大幅提高:原油价格显著上涨;中国石油管理层在建立石油和天然气的储备上下了功夫。去年下半年中国石油的市值上升至2750亿美元,这是与其他石油巨头相比较合理的价格。于是我们以40亿美元的价格将其卖出。"

巴菲特投资中国石油是一个非常重要的案例,同时也是一个饱受争议的案例。这是巴菲特第一次在中国投资,也正是因为巴菲特在中国投资了中国石油,价值投资开始在中国流行了起来,2003年A股走出了"价值投资"行情,蓝筹股不断走强。

市场上对于巴菲特投资中国石油的争议主要在于:价值投资是否就是不卖?巴菲特的价值投资理念向来提倡投资者长期持有一家公司的股票。巴菲特本人也说过:"如果你不想持有一只股票十年,那么你十分钟都不要持有。"然而巴菲特从2002年买入中国石油到2007年卖出,并没有几年的时间。相比于巴菲特

第三章　投资原则

以往投资的可口可乐等公司，持有中国石油的时间比较短。

其实这与投资标的有关系。如果价值投资标的商业模式较好的差异化公司，那么长期持有是个不错的选择。不过如果价值投资标的是同质化的上游资源类公司，那么投资者一定要注意其强周期性，长期持有可能不是一个很好的选择。查理·芒格在1997年西科金融股东大会上说道："一般来说，如果你的投资风格是买入一家企业并持有很长时间，那么这种风格不适合应用于大宗商品类企业。"

我们可以来看下2018—2022年中国石油的财务数据以了解石油化工行业的强周期性。我们可以看出，2018年中国石油的ROE、归母净利润、扣非净利润都翻了一倍多，而到了2019、2020年，ROE、归母净利润、扣非净利润就出现了同比严重下滑的情况。到了2021年，各项财务指标又出现了180°的逆转，ROE和归母净利润翻了三倍多、扣非净利润翻了九倍多。2022年，中国石油的ROE、归母净利润、扣非净利润都实现了50%以上的增长。

年份	2018	2019	2020	2021	2022
ROE（%）	4.40	3.70	1.60	7.40	11.30
同比增减	131.58%	−15.91%	−56.76%	362.50%	52.70%
营业收入（万亿元）	2.37	2.52	1.93	2.61	3.24
同比增减	17.81%	5.97%	−23.16%	35.19%	23.90%
归母净利润（亿元）	530.30	456.77	190.02	921.61	1493.75
同比增减	132.66%	−13.87%	−58.40%	385.01%	62.08%
扣非净利润（亿元）	661.95	534.85	−119.91	995.31	1708.97
同比增减	147.20%	−19.20%	−122.42%	930.05%	71.70%
经营现金流（亿元）	3532.56	3596.10	3185.75	3414.69	3937.68
同比增减	−3.65%	1.80%	−11.41%	7.19%	15.32%

来源：中国石油年度报告

其实"宏观经济能够用来指导投资"这种观点有一个非常好的反例，那就是大名鼎鼎的宏观经济学之父约翰·梅纳德·凯恩斯。几乎所有接触过商科的人都听过他的名字，毕竟其创立的宏观经济学是二十世纪人类知识界的三大革

价值投资要义

命之一。

大家都知道凯恩斯是一位著名的宏观经济学家,但很少有人知道他其实也是一名业绩出色的价值投资者。不过凯恩斯并不是一开始就走上价值投资之路的,而是从预测经济周期的宏观投机者转变为基本面分析的价值投资者的。

凯恩斯早期是根据自己的宏观经济学理论在市场上进行投机的,其投机的主要品种是外汇和期货,只可惜收益率不高,而且还出现连续几年跑输市场的情况。后来凯恩斯因自己的宏观分析投机而破产。1920 年,凯恩斯预测德国会出现信用膨胀从而做空德国马克,结果马克走势和预测完全相反,这笔投机导致凯恩斯损失了 13125 英镑,让其直接破产。

随后凯恩斯接受其母校剑桥大学的委托,帮助剑桥大学国王学院管理学院的捐赠基金——切斯特基金。在管理切斯特基金的时候,凯恩斯放弃了宏观分析,将精力专注于微观企业的基本面分析,长期持有市场价值低于内在价值的优质公司,这让凯恩斯管理的切斯特基金取得了不错的收益率。

根据罗伯特·哈格斯特朗的《巴菲特的投资组合》中的数据,1928—1945 年,切斯特基金的年化收益率为 13.2%,其收益率在这 18 年间跑赢市场。凯恩斯是切斯特基金的唯一负责人,所以该基金应该是由其本人运作的。

凯恩斯曾经写道:"我们未能证明,有人能有能力利用经济的周期循环,大规模系统性地买进卖出股票。"即使像凯恩斯这样的经济学家都无法利用宏观分析去判断市场走势,更不用提我们这些普通投资者了。

巴菲特是如此评价凯恩斯的:"我认为,在 20 世纪 20 年代,凯恩斯从一个错误的理论开始,这个理论实质上是在试图预测企业和市场的周期。到了 20 世纪 30 年代,他转而研究对企业基本面的分析,而且取得了很大的成就。"

对于普通投资者来说,放弃宏观分析其实是一个很不错的选择,因为宏观分析很有可能会对普通投资者起到反作用。我们要把握投资中的主要矛盾:注重微观企业的分析。与其去研究中国制造业 PMI 指数是否有改善迹象、美国联邦储备系统加息何时结束等问题,投资者不如去思考这家企业的商业模式是什么样子的、这家企业相比于其他企业有何竞争优势、这家企业的产品或服务未来的发展空间有多大等问题。

弃宏观而重微观,投资其实很简单。

第四章

投资实战

投资到了最后就是投资标的的选择，全面注册制落地后A股上市公司会逐渐变多，具体投资哪家企业是投资者必须思考的问题，因为"买什么"是投资者盈亏的关键。如果投资者买错了标的，本金的亏损还在其次，持有时间成本的浪费才是投资者最大的损失。

具体企业的分析涉及行业格局、商业模式、管理层等多方面分析。由于企业分析的复杂性，所以即使水平很高的投资大师也很有可能会买错，沃伦·巴菲特和查理·芒格都有买错的时候。

A股超过5000家企业，很多企业本人是看不懂的，或者说以目前的能力圈是看不懂的，所以也写不出企业分析来，比方说中国平安。中国平安虽然属于保险行业，但其业务过于复杂，理解起来需要很大的能力圈。

本章按照时间顺序排序列出了本人分析的企业，包括云南白药、迈克生物、今世缘等。与市面上大多数模棱两可的企业分析不同，本人在企业分析的最后都会给出结论，要么看好要么排除，让自己的分析对得清楚、错得明白。而至于这个结论是否正确并不是看本人的分析与投资大V、经济学家的分析是否相同，而是看3~5年后市场给出的报价。3~5年后二级市场的价格走势是检验一家企业成长性最好的标准。

此外，本人避开了市场上热门的蓝筹股，如贵州茅台、五粮液、恒瑞医药等企业，因为对于市场上大多数投资者来说，这些企业的分析报告已然够多。最后需要强调的是，本章所涉及的企业分析仅代表本人观点，不构成投资建议。

第四章 投资实战

云南白药

（写作时间：2022年1月28日）

最近沉寂了几年的中药板块突然爆发式上涨。同仁堂从去年年末低点31.27元上涨至高点55.45元，上涨幅度约为77%；广誉远从去年年末低点27.12元上涨至高点46.94元，上涨幅度约为73%。这都主要得益于2021年12月30日国家医疗保障局和国家中医药管理局联合发布的《关于医保支持中医药传承创新发展的指导意见》这一文件，这是一份政策利好中药板块的文件。

其实这几年国家政策一直是扶持中药企业的发展的，一些券商将中药企业和创新药企业进行对比，其实这是没有什么可比性的。

首先，中药企业与创新药企业的研发投入不同，中药企业研发投入本身就比较少，跟创新药企业不在一个数量级。我们以恒瑞医药和片仔癀做对比来看下，根据恒瑞医药2020年年度报告，恒瑞医药在2020年累计投入的研发资金约为49.89亿元，研发投入总额占营业收入比例为17.99%。而根据片仔癀2020年年度报告，研发投入仅为0.98亿元左右，研发投入总额占营业收入比例仅为1.5%。若论持续地创新研发，中药的竞争力是肯定比不上创新药的，所以市场近几年更偏爱创新药领域，有些创新药企业动辄几十上百倍市盈率。

其次，中药副作用比较小，主要是用来治疗慢性病的，患者一般会长期服用，比方说片仔癀就是治疗急慢性病毒性肝炎的，所以中药具有一定的消费属性，这是大多数创新药所没有的。

A股的特性就是国家政策利好带动板块的上涨，正所谓"买房买一线，买股买龙头"，我们就来说说中药两大巨头片仔癀和云南白药。虽然它们并没有在这次上涨中发力，反而是一些中小市值的中药公司暴涨暴跌。

云南白药曾是中药老大，在前几年知道云南白药的人比知道片仔癀的人多得多，而近两年则是片仔癀的名气比较大一些。根据胡润品牌榜，2019年云南

价值投资要义

白药品牌价值255亿元，而片仔癀只有145亿元。不过在2020年片仔癀在胡润品牌榜上的排名就超过了云南白药，片仔癀品牌价值375亿元，而云南白药只有295亿元。也是在2020年8月，片仔癀的市值也超过了云南白药，成为现在的中药龙头。

虽然市值大，但是片仔癀的市盈率和市净率却是云南白药的好几倍。截至2022年1月14日收盘，片仔癀的市盈率（TTM）为98.95倍，市净率为24.93倍；云南白药的市盈率（TTM）为36.04倍，市净率为3.53倍。这说明在片仔癀市值上涨的过程中估值推动了很大一部分。如果预估2021年云南白药的全年归母净利润为37亿元的话，给予白药98倍的市盈率，那么云南白药市值为3626亿其市值是远超过片仔癀的。那么为什么"市场先生"如此抬举片仔癀而将云南白药"打入冷宫"呢？

云南白药上了几次热搜，主要原因是被市场批评它"炒股"亏了钱。2021年10月28日，云南白药公布第三季度报告，前三季度营业收入283.26亿元，营收同比增长18.52%；归母净利润24.51亿元，归母净利润同比下降42.38%。增收不增利的主要原因是第三季度报告显示交易性金融资产持有期间的公允价值变动损益为 −1554997627.64元。

上市企业有了钱，除了日常经营业务的开销以外，也是可以和散户一样进行投资的。交易性金融资产可以投资的范围有债券、股票、基金、权证等金融资产。按照会计准则，交易性金融资产属于流动资产，并以持有期间的公允价值变动计算损益。

本人将会计准则翻译一下：交易性金融资产属于流动资产的意思是说上市公司可以短期持有该资产，也可以长期持有，时间长短没人管。以持有期间的公允价值变动计算损益表示投资后亏了多少钱或者赚了多少钱会影响上市公司当期利润。

云南白药可以持有大量交易性金融资产也是原因的。一方面就是有钱，有很多闲钱。考虑到货币资金和交易性金融资产流动性较好，我们可以把货币资金和交易性金融资产相加作为闲置资金，然后看看云南白药2016—2020年闲置资金占总资产比例。我们可以看出云南白药有着大量的闲置资金。

第四章　投资实战

年份	2016	2017	2018	2019	2020
货币资金（亿元）	32.93	26.66	30.17	129.94	152.8
交易性金融资产（亿元）	20.02	67.49	72.65	88.21	112.29
总资产（亿元）	245.87	277.03	303.78	496.58	552.19
闲置资金占总资产比例	22%	34%	34%	44%	48%

来源：云南白药年度报告

另一方面就是云南白药这样的中药企业是不怎么需要资金投入的，净利润基本上可以等同于自由现金流，日积月累手上就有很多闲钱。关于这一点，贵州茅台是个典例，不需要将净利润再投入到公司的经营生产中导致手上握着大量的货币资金。

我们再来看看云南白药是一家什么样的公司。我认为，云南白药的发展大概可以分为三个阶段：初创期、成长期和迷茫期。

初创期是从1902年到2003年，这一阶段云南白药产品结构单一，虽然公司的产品从单一散剂到创口贴，但是此时的云南白药还是与"活血化瘀的疗伤圣药"紧密相关。

成长期是从2003年到2015年，这一阶段云南白药实施多元化战略，开始涉足大健康领域，摆脱了"活血化瘀的疗伤圣药"这个标签，也有了自己的品牌价值。此时的云南白药最具有投资价值。

迷茫期是从2015年至今，这一阶段云南白药主业增长乏力，扣非净利润几乎不增长，不断寻找新的发展出路。

先来聊聊云南白药的初创期。云南白药历史悠久，最早的诞生可以追溯到1902年彝族名医曲焕章研制出万应百宝丹，此时的云南白药为散剂，疗伤止血效果极佳，这也就是后来的云南白药。1955年，曲焕章妻子缪兰英将秘方交给了云南省政府，然后云南白药和片仔癀成为国家绝密级配方，保密期限为永久。在中药里云南白药和片仔癀保密级别是最高的。

后来云南白药将伤科品牌发扬光大，陆续有了胶囊、膏剂、气雾剂、创口贴等产品，在国内止血活血领域市占率最高，但此时的云南白药依旧是围绕着伤科这一领域打转。当然云南白药也布局了宫血宁、血塞通等用于妇科和心脑

价值投资要义

血管领域的中药，但是比起伤科领域营收占比较少。

云南白药的成长期是从 2003 年到 2015 年，此时云南白药董事长为王明辉，他不断对云南白药的产品进行创新，实施多元化战略，将公司业务延伸至大健康领域。2003 年，公司推出含有云南白药活性成分的云南白药牙膏，获得了极大成功，云南白药牙膏定位高端，营收和市占率不断提高并成为国内牙膏老大。在尝到了甜头之后，公司又推出沐浴露、洗发水、卫生巾等产品，但是市场反应平平。

成长期的云南白药应该是最具有投资价值的，公司在成长期这个阶段快速发展，营收和净利润不断增长，从 1993 年深交所上市不足 15 亿市值的小公司成长到了千亿市值的"大白马"。

然而从 2015 年至今云南白药就进入了迷茫期，主营业务增长变得乏力，从 2015 年开始，云南白药的扣非净利润几乎停滞不增长了，我们可以看下数据。

年份	2015	2016	2017	2018	2019	2020
扣非净利润（亿元）	26.15	27.00	27.81	29.18	22.89	28.99

来源：云南白药年度报告

我们来仔细分析下云南白药为什么会陷入瓶颈。云南白药可以分为四块：药品事业部、健康产品事业部、中药资源事业部和省医药有限公司。三大事业部属于医药工业，省医药有限公司属于医药商业。药品事业部主要产品是白药的伤科部分：白药膏、白药创可贴、白药气雾剂、白药胶囊等；健康产品事业部是云南白药涉及大健康领域的产品：白药牙膏、养元青洗发水、采之汲面膜、千草堂沐浴露、日子卫生巾等；中药资源事业部主要销售白药的中药材：三七、天麻、螺旋藻等；省医药有限公司是云南省规模最大的医药流通企业。

根据云南白药 2015—2019 年年度报告（2020 年云南白药年度报告未披露各事业部营业收入），将 2015—2019 年各事业部营业收入整理如下：

第四章 投资实战

部门名称	2019	同比	2018	同比	2017	同比	2016	同比	2015
药品事业部	439681	−2.96%	453086	2.98%	504351	2.56%	491769	−3.50%	509594
健康产品事业部	467871	4.75%	446671	4.54%	436115	16.09%	375677	11.99%	335451
中药资源事业部	136758	0.04%	136699	20.33%	116287	23.19%	94395	44.91%	65140
省医药有限公司	1901355	16.41%	1633317	12.77%	1449416	7.45%	1348938	9.94%	1226951

来源：云南白药年度报告

数据一出来，问题就很明显了。这个"锅"药品事业部和健康产品事业部得背，这两个事业部增速放缓的具体原因后面会有分析。

管理层虽然在不断地寻找出路，但是给人感觉这几年的发展和布局很混乱。本人大致列举了一下迷茫期的云南白药动态：

（1）2016年启动混改，引入新华都、鱼跃医疗等非同业竞争者投资。考虑到鱼跃医疗持有股份，未来会发展骨科医疗设备。

（2）云南白药与国际仿制药巨头TEVA进行合作。

（3）在2019年，云南白药用3.5亿元基石投资中国抗体，用7.3亿港元投资万隆控股。

（4）2020年12月11日，云南白药向安徽金健桥医疗科技有限公司增资并受让部分股权，取得金健桥70%股权。

（5）在2021年，云南白药作为战略投资者参与认购上海医药非公开发行的6.66亿股A股股票。

（6）云南白药开启国际化，建设北京大学—云南白药国际医学研究中心、上海国际中心、海南国际中心。

（7）云南白药进行数字化转型并布局医美行业，推出"采之汲"APP。

如此广泛多元化的布局，不知道这家企业的侧重点在哪里，给人感觉这家企业会不会没有集中专注地做一件事情。积极布局是好事，但是布局太多可能会适得其反。此外，布局国际化、数字化、进军医疗和医美行业是需要研发投

价值投资要义

入的，但是云南白药近三年的研发费用是 2018 年 1.10 亿元、2019 年 1.74 亿元、2020 年 1.81 亿元，并没有显著增长。

总的来说，云南白药是一家好公司。医药是重复性的消费，绝密配方和品牌价值是它宽广的"护城河"。伤药和牙膏在市场上占有一定的地位，但是现在因为主营业务增长的乏力而陷入瓶颈。

那么未来云南白药的出路在哪里呢？目前来看应该是有三条：一，药品事业部提价带来增长。二，健康产品事业部在大健康领域拓展市场。三，收购带来增长。

先看药品事业部提价带来增长。收入 = 量 × 价。如果量没有提升的话，提价是一个不错的选择。药品事业部增速放缓很大程度上原因是这样的：这么多年的通货膨胀和原材料价格、人工成本不断上涨，但是云南白药自 2009 年开始就再也没有提价过。在历史上，云南白药从 1997 年到 2009 年有过 5 次提价，我们可以看下历史上云南白药的提价情况。

提价时间	提价产品	提价幅度	其他
1997 年	白药胶囊	35%	零售价顺延上调比例
	白药散剂	178%	零售价顺延上调比例
2000 年	白药胶囊	44.71%	采用铝塑包装，成本上涨
	宫血宁胶囊	33.44%	采用铝塑包装，成本上涨
2003 年	全线产品	10%	—
2005 年	全线产品	15%	—
2009 年	云南白药膏	85%	—
	其他产品	7–15%	—

来源：公司公告

在药品事业部销量没有变化的情况下，提价会带动利润增长。不过根据云南白药 2021 年 12 月 13 日发布的《云南白药集团股份有限公司投资者调研会议记录》，云南白药对于公司是否有提价计划的回答是："公司当前暂无提价计划。多年来，公司通过持续优化药材资源运营、供应链管理，做好成本管控工作。我们围绕不同产品的特点，充分结合市场行情，持续为消费者提供价格客观公允的各类产品。"

再看健康产品事业部在大健康领域拓展市场。在人口老龄化和健康消费的趋势下，大健康领域是一个非常好的赛道，数据显示：2014年至2020年我国大健康行业市场规模不断上升，由2.5万亿元提升至7.4万亿元，年复合增速约19.8%。不过云南白药健康产品事业部在大健康领域布局的日化产品中牙膏收入占比是最大的。2020年数据显示牙膏收入为51亿元，占比为95%。而健康产品事业部中养元青洗发水、采之汲面膜等产品占比非常少。虽然云南白药的牙膏产品市占率第一，但是留给牙膏产品的成长空间已经不多了。

提升洗发水、面膜等日化产品的营收规模还是比较难的。中国洗发水产品规模比较大，在2020年超过520亿，大众市场趋于饱和，处于成熟期，所以增速很缓慢，近几年增速在个位数左右。

此外，中国洗发水市场大部分的份额长期被宝洁、联合利华、欧莱雅这样的国际巨头占据着，这些国际巨头的研发能力、产品竞争力和用户黏性还是比较强的。

在目前这样的竞争格局下，云南白药要跟这些国际巨头抢份额还是比较难的。

产品推广是需要营销经费，但是云南白药2016—2020年的销售费用并没有很显著的增加，分别为2016年28.40亿元、2017年36.84亿元、2018年39.73亿元、2019年41.56亿元、2020年37.95亿元，变动不是很大。

再看收购带来增长。目前看云南白药近些年投资中国抗体、上海医药等企业，本人觉得未来收购其他企业的可能性很大。不过收购最好是在云南白药管理层能力圈里面比较好，目前看来如此多元化的收购不太合适。

进一步说，云南白药即使通过收购布局医疗、医美等行业，将来的成长性也是未知的。不是说随随便便地布局就能带来确定性的增长。在A股画饼和讲故事的公司很多，但是实际上真正能给股东带来利益的公司很少。

综上所述，在未来老龄化和健康消费的趋势下，云南白药是一家好公司，有着自己的"护城河"，但是目前云南白药正在转型，未来成长有一定的不确定性，如果现在投资，有一点赌的成分，属于战而后求胜。不如静观其变，等云南白药转型成功之后再投资，胜而后求战。

价值投资要义

迈克生物

（写作时间：2022年2月2日）

2021年，预期业绩大幅增长和疫情形势导致体外诊断行业股价不断上涨，我正好在这之前研究过体外诊断行业的迈克生物，所以这次我们谈谈体外诊断行业和迈克生物这家公司。

先说结论：体外诊断核心技术在国外，国内市场空间很大并且增长速度很快，国产替代是趋势，但是考虑到国内行业集中度比较低并且营收中有代理产品部分，所以即使投资也是轻仓。

体外诊断（In Vitro Diagnosis，简称IVD）是指在人体之外通过对人体样本（血液、体液、组织等）进行检测而获取临床诊断信息，进而判断疾病或机体功能的产品和服务。IVD属于医疗器械的细分领域并广泛应用于体检、慢性病管理、传染病检测等方面。随着人们健康意识的提高，IVD在人们疾病的预防、诊断等方面发挥着越来越重要的作用。

数据显示，2019年全球IVD行业市场规模约为714亿美元，2015—2019年年均复合增长率在5%左右，全球体外诊断市场规模处于稳定增长期。不过中国IVD行业市场规模在过去几年增速非常快，根据弗若斯特沙利文数据，2018年中国IVD市场规模为713亿元，2014—2018年年均复合增长率为24.9%，预计未来5年的年均复合增长率为19.4%，这个增长速度已经超过了绝大多数行业。

IVD细分的产品有很多种，但是最主要的是生化诊断、免疫诊断、分子诊断三种，其余占比比较小。

生化诊断是在人体外，利用一系列生物化学反应对样本进行检测以获取诊断信息的一种诊断方法，比方说肝功能检测、肾功能检测、血脂检测等。生化诊断是IVD中最普遍的一种，技术比较简单，在我国发展也比较早。生化诊断试剂占据生化诊断行业约70%的份额，生化诊断试剂已经全部实现国产化，大部分的仪器也已经实现国产化，目前国产技术已经非常成熟，和国外的差距仅仅在仪器检测速度和一体化上面，所以生化诊断未来增长率不高，未来年均复合增长率在6%左右。

免疫诊断是利用抗原和抗体相结合的特异性免疫来进行病原体检测的诊断方法，应用于肿瘤、传染病、毒品检测等。免疫诊断是中国IVD中产品市场最大的一块，也是体外诊断最大的应用领域。根据弗若斯特沙利文数据，2018年中国IVD行业细分市场中免疫诊断占比31%，位居第一。

化学发光是免疫诊断最主流的诊断方法，占据了免疫诊断70%以上的市场。化学发光技术门槛比较高，研发难度也比较大，所以全球的化学发光市场长期被国际巨头罗氏、雅培、贝克曼、西门子等企业占领着。一般来说，国际巨头的化学发光仪器和试剂占据着三级高端医院，而国产企业的化学发光仪器和试剂还集中在二级等中低端医院。

考虑到化学发光技术引入国内的时间比较短，国产替代是大趋势，在未来的增长速度会很高。根据中国医学装备协会数据，2018年中国化学发光市场规模为235亿元，从2012到2018年的年均复合增长率为22%，未来几年应该也会保持这个增长速度，是未来IVD企业发力的重要点。

与生化诊断和免疫诊断不同，分子诊断是IVD的新兴领域。分子诊断是利用分子生物学的方法对患者体内的遗传物质结构进行分析的诊断方法，主要用于遗传病、传染病的检测。分子诊断可以分为PCR（扩增技术）、FISH（荧光原位杂交）、基因芯片和基因测序四种。

分子诊断发展刚刚起步，国外巨头在市场上份额不太高，渗透率也比较低，整个市场比较分散。但是正因为是新领域，所以未来增长率比较高，年均复合增长率在25%左右。

IVD产业链上游是原材料，中游是研发生产的试剂或仪器，下游是医疗消费终端市场。

上游原材料包括生物原料、化学原料和其他辅助原料。生物原料主要包括诊断酶、抗原、抗体等。化学原料主要是高纯度的氯化钠等精细化学品。上游原材料是整个IVD的核心，研发难度比较大，关键性的原材料被国外垄断，中国IVD企业主要依靠进口。

价值投资要义

中国 IVD 企业将原材料进口后，主要做的是中游，也就是研发、生产和销售试剂或仪器，包括生化试剂、免疫试剂、分子试剂等。

下游是医疗消费终端市场，也就是 IVD 的应用者，包括医院、体检中心、家庭消费者等。医院和体检中心是主要的消费者，家庭消费占比比较少但成长潜力大。

我们接着来看看目前整个 IVD 市场的格局。考虑到中国的 IVD 行业还处于发展的初级阶段，国内行业集中度比较低，目前的市场主要是由国际巨头罗氏、丹纳赫、西门子、雅培占领。这些国际巨头发展比较早，产品布局领域也比较完整，基本上是全领域覆盖，它们在中国市场全面布局，在主要城市设立了分支机构，独占了大多数中国的 IVD 市场，并且它们还会频繁收购，这会对国内企业发展形成较强的压制。

根据迈克生物 2020 年年度报告，排名前十的 IVD 企业就占了全球 80% 的市场份额，其中排名前五的罗氏、丹纳赫、西门子、雅培和赛默飞世尔，掌握着体外诊断全产业链的资源和核心技术，优势尤为明显。

国内专注做 IVD 企业有新产业、安图生物、迈克生物等小市值公司，并且这些公司的发展很大程度上是依赖国际巨头的。迈瑞医疗市值比较大，但是其除了涉足 IVD 领域，还有生命信息与支持、医学影像领域的产品。国内的整个市场格局集中度是非常分散的，没有老大老二之分。

在目前的技术发展水平和竞争格局下，国内的 IVD 企业要赶上国际巨头还有很长的一段路要走，时间是以年为单位的。

了解上面的基础知识之后，读懂 IVD 行业上市公司的年度报告问题应该就不太大了。下面结合年度报告讲一下我的迭股思路。

选股的话财务分析首当其冲，一家企业都不持续地赚钱你买它干啥。按照市值大小来算，截至 2022 年 1 月 28 日收盘，新产业市值 317 亿元、安图生物市值 282 亿元、迈克生物市值 139 亿元。考虑到新产业上市不满三年，本人不太喜欢投资和研究新上市的公司，故排除。中国的 IVD 企业没有谁有绝对的优势，但是从估值角度上看，迈克生物比安图生物便宜得多。截至 2022 年 1 月 28 日收盘，迈克生物的市盈率（TTM）为 13.55 倍，而安图生物的市盈率（TTM）为 29.71 倍。乍一看迈克生物好便宜，但是，市场给予迈克生物低估值也是有原

第四章 投资实战

因的，后面详细分析。

我们先来看看迈克生物的财务状况。2016—2020 年迈克生物的 ROE、营业收入、归母净利润等数据还是很不错的。

年份	2016	2017	2018	2019	2020
ROE（%）	14.68	15.59	16.61	18.03	22.88
营业收入（亿元）	14.89	19.70	26.85	32.23	37.04
归母净利润（亿元）	3.12	3.74	4.45	5.25	7.94
扣非净利润（亿元）	2.84	3.65	4.36	5.19	7.77
经营现金流（亿元）	0.49	0.79	1.94	4.6	10.94
净现比	0.16	0.21	0.43	0.88	1.4

来源：迈克生物年度报告

迈克生物在 2016—2019 年净现比小于 1.33，说明其净利润含金量不高。而安图生物这点就好得多了，我们来看一下 2016—2020 年安图生物的财务数据。

年份	2016	2017	2018	2019	2020
ROE（%）	32.22%	27.68%	32.2%	34.81%	22.13%
营业收入（亿元）	9.80	14.00	19.30	26.79	29.78
归母净利润（亿元）	3.50	4.47	5.63	7.74	7.48
扣非净利润（亿元）	3.35	4.14	5.35	7.4	6.78
经营现金流（亿元）	4.16	4.82	6.54	8.43	9.95
净现比	1.19	1.08	1.16	1.09	1.33

来源：安图生物年度报告

从表中可以看出安图生物的利润含金量比较高的，但是迈克生物也呈现出了逐年变好的趋势，尤其是在 2020 年疫情下业绩爆发式的增长。

还有一点比较值得注意的是迈克生物的资产负债率，2016—2020 年迈克生物的资产负债率为 15.38%、27.07%、37.12%、39.46%、37.07%，可以看出迈克生物近几年在以扩大负债的方式不断扩张。其实也是可以理解，IVD 是典型的技术行业，需要不断加大研发投入以获得竞争优势。

价值投资要义

2016—2020 年迈克生物年度报告中我不太喜欢的一个财务指标就是资本化研发支出占研发投入的比例比较高,说明迈克生物的年度报告不太保守。我们可以看下迈克生物资本化研发支出占研发投入的比例。

年份	2016	2017	2018	2019	2020
研发人员数量(人)	352	413	428	535	767
研发人员数量占比	22.12%	20.94%	18.98%	22.74%	29.2%
研发投入金额(元)	85940549.15	108817220.56	162780173.27	189370579.73	235010308.62
研发投入占营业收入比例	5.77%	5.52%	6.06%	5.88%	6.34%
研发支出资本化的金额(元)	13330464.78	21276077.78	53985196.67	49234084.35	32936856.08
资本化研发支出占研发投入的比例	15.51%	19.55%	33.16%	26.00%	14.02%
资本化研发支出占当期净利润的比重	4.05%	5.21%	11.18%	8.70%	4.01%

来源:迈克生物年度报告

迈克生物于1994年成立,一开始其业务只有代理体外诊断的产品,后来自己建立研发中心开始自研,并于2015年在深交所创业板上市。经过二十多年的发展,现在迈克生物体外诊断的产品涉及到了生化、免疫、分子诊断等领域。迈克生物生化诊断产品覆盖肝功能、肾功能等;免疫诊断产品覆盖传染病、甲状腺功能等;分子诊断产品有荧光 PCR 法检测试剂、细胞保存液等。股东可以看到最直接的数据就是上市以来营业收入和归母净利润年均复合增长率超过20%。

迈克生物的营业收入分自主产品和代理产品,自主产品毛利率比较高,而代理产品毛利率比较低，详见下表。

年份	2014	2015	2016	2017	2018	2019	2020
代理产品营收占比	53.99%	50.09%	59.27%	59.44%	62.16%	61.22%	48.91%
自主产品营收占比	44.38%	49.14%	39.36%	39.45%	36.75%	37.73%	50.03%

来源：迈克生物年度报告

迈克生物的研发能力也在不断增强，除了研发生产的试剂和仪器涉及的领域越来越广以外，我们还可以看到迈克生物开始了原材料的研发，有望打破原材料受国外巨头控制的局面。

整体看完 2016—2020 年迈克生物年度报告，如果现有条件不变的话，我是对迈克生物未来的发展是偏乐观的。现有条件不变，意思就是政策继续支持、国际巨头不恶意打压继续让其代理、上游原材料继续供应等。

随着国内 IVD 企业的发展，推出的仪器和试剂性价比是肯定优于国外企业的，但是国外企业可能还有一定的品牌优势，所以要投资迈克生物，赶上 IVD 行业发展的快车道其实是可以的，但是风险点也显而易见。

风险点如下：一，核心技术不在中国，像迈克生物等中国 IVD 企业并不具备和国际巨头竞争的技术优势，在目前的竞争格局下，国产 IVD 的试剂和仪器要超越国外还是有一段距离的；二，相比于国际巨头，迈克生物等中国 IVD 企业发展比较晚，占领的市场份额较少，尚未在下游终端形成一定的用户黏性；三，迈克生物 2020 年和 2021 年营收中有新冠检测产品的部分，根据 2020 年年度报告，新冠检测产品占自主产品营收约 30%。疫情结束后，这方面收入势必大量减少；四，迈克生物营收中有代理产品部分，此部分收入毛利低且不稳定；五，上游原材料供应有一定风险，考虑到目前几年逆全球化的局势，国外若拒绝供应原材料会对迈克生物的经营产生重大影响。

最后还有一点需要投资者注意的是，在 2017 年 12 月 18 日，时任监事吕磊超过了减持额度继续减持被深交所谴责。这一点多多少少说明管理层是有一定问题的。

价值投资要义

今世缘

（写作时间：2022年2月8日）

其实本人是不太愿意写关于白酒行业的文章的，因为市面上白酒行业的好文章已经很多了，大家也都看腻了，这年头买股票的谁还不知道"茅五泸"？但是茅五泸属于高端白酒，行业集中度高，投资起来比较简单。而次高端白酒行业集中度低，投资起来就比较困难了，所以今天我们就来看看次高端白酒行业中的今世缘。

考虑到白酒行业生意模式简单并且大家对于白酒企业都已经比较熟悉了，所以我们就直截了当地分析今世缘即可。

今世缘的前身可以追溯到1949年的高沟酒厂，高沟酒厂当时很有名，但是后来跟不上市场变化导致年年亏损，处于停厂状态。1996年，酒厂创立了"今世缘"品牌并在1997年成立今世缘酒业有限公司。

从2003年到2012年，在消费升级带来的白酒黄金十年里，今世缘于2004年推出了"国缘"品牌主攻高端市场。公司慢慢形成了国缘主攻高端和次高端市场，今世缘和高沟覆盖中低端市场的产品结构。

在2013年和2014年，国家限制"三公"消费，白酒行业迎来了短暂的寒冬，今世缘的扣非净利润在6亿元左右不增长，并于2014年在上交所上市。

白酒行业从2015年开始慢慢复苏，今世缘上市后发展迅速，从2014年至2019年营业收入和归母净利润CAGR超过15%。

今世缘是苏酒老二，老大是洋河股份。考虑到江苏饮酒普遍喜欢喝低度酒，今世缘的酒是低度的清雅酱香型。目前今世缘的产品覆盖了高端到低端。高端产品有国缘V9、国缘V6；次高端产品有国缘V3、国缘K5、四开国缘、今世缘典藏20、国缘K3、对开国缘、今世缘A9。中低端产品不仅没有礼品属性和社交属性，而且不符合健康消费的趋势，所以不用看了。

第四章 投资实战

从财务数据来看，本人对今世缘是很满意的，它具备白酒行业普遍的特点：高 ROE、高毛利率、高净利率、低资产负债率。除去 2020 年受疫情影响，公司经营现金流也在不断增长，详见下表。

年份	2016	2017	2018	2019	2020
ROE（%）	17.60	18.11	20.36	21.93	20.25
营业收入（亿元）	25.62	29.57	37.41	48.74	51.22
归母净利润（亿元）	7.58	8.96	11.51	14.58	15.67
扣非净利润（亿元）	7.34	8.75	11.10	14.39	15.58
经营现金流（亿元）	9.49	10.01	11.21	13.07	11.19

来源：今世缘年度报告

不仅如此，2021 年主营业务基本恢复正常以后，公司的业绩是非常好的。根据公司 2022 年 1 月 11 日发布的《2021 年度业绩预增公告》，公司预计 2021 年度实现营业收入 63 亿元至 65 亿元，同比增长 23%~27%；预计归属于上市公司股东的净利润 19 亿元至 21 亿元，同比增长 21%~34%；预计扣除非经常性损益后归属于上市公司股东的净利润 19 亿元至 21 亿元，同比增长 22%~35%。

既然公司财务数据这么好，为什么本人还要排除掉它呢？原因只有一个，就是今世缘九成以上的收入都来自江苏省，省外收入占比太少，而今世缘省外业绩扩张的空间实在是让人难以判断。

2016—2020 年今世缘收入超过 90% 都是来自于江苏省内，甚至主要集中于淮安、南京、盐城等地，苏南市场的市占率比较低，省外收入占比不足 10%。

年份	2016	2017	2018	2019	2020
省内收入占比	93.5%	93.8%	94.0%	93.2%	93.1%
省外收入占比	6.5%	6.2%	6.0%	6.8%	6.9%

来源：wind

江苏的经济基础比较好，在消费升级的带动下，高端白酒和次高端白酒在未来会有比较好的前景。本人很看好江苏省的消费能力，相信在接下来的几年白酒在江苏省的市场规模还会有增长，但是今世缘能在这种增长下有多少收益

价值投资要义

我不能肯定，毕竟还有贵州茅台、五粮液、洋河股份的竞争，而其余高端和次高端白酒企业收入覆盖的远不止江苏省。

我无法判断未来今世缘能否在省外扩展市场，本人愿意等待，等到它省外营收扩张稳定后再投资。

截至2022年2月7日收盘，贵州茅台市盈率（TTM）为46.80倍；五粮液市盈率（TTM）为33.40倍；泸州老窖市盈率（TTM）为42.07倍；今世缘市盈率（TTM）为33.32倍。考虑到白酒行业优质公司较多，正所谓"五岳归来不看山，黄山归来不看岳"，在贵州茅台、五粮液、泸州老窖这些有很强确定性的白酒公司衬托下，本人宁愿给予"茅五泸"溢价，也不愿意投省内收入占比过重的今世缘。

第四章 投资实战

生益科技

(写作时间：2022 年 2 月 20 日)

某券商在电子行业的深度报告中记录了电子行业的十年巨变，列举了十年前 A 股电子行业前十大市值公司和十年后的今天电子行业前十大市值公司。

2012 年 1 月 1 日 A 股电子行业前十大市值如下表所示。

公司名称	市值（亿元）	营业收入（亿元）	净利润（亿元）
海康威视	430	52	15
京东方 A	219	127	6
歌尔股份	180	41	5
三安光电	158	17	9
TCL 科技	156	608	10
大华股份	138	22	4
莱宝高科	101	12	5
华映科技	94	22	3
立讯精密	91	26	3
生益科技	79	59	5

来源：wind

2022 年 1 月 1 日 A 股电子行业前十大市值如下表所示。

公司名称	市值（亿元）	营业收入（亿元）	净利润（亿元）
海康威视	4884	635	134
立讯精密	3469	925	72
韦尔股份	2719	198	27

价值投资要义

续表

公司名称	市值（亿元）	营业收入（亿元）	净利润（亿元）
中芯国际	1937	275	43
京东方A	1921	1356	50
歌尔股份	1848	577	28
北方华创	1824	61	5
三安光电	1682	85	10
紫光国微	1365	33	8
传音控股	1258	378	27

来源：wind

券商给出生益科技跌出电子行业前十大市值的原因是技术变化很慢，附加价值不高。

其实本人不太喜欢以市值大小来评判公司的好坏，不是说市值大的公司的公司就一定是好公司，也不是说市值小的公司就一定不好。因为市值＝市盈率×净利润，一家公司市值上涨过高，不一定代表着它赚取的利润配得上它，也有可能是上涨的是市盈率，这就会导致公司股价高估。

段永平曾经说过：凡是说要把市值做到多少钱的公司，我都不碰。

截至2022年2月18日收盘，生益科技市盈率（TTM）仅为16.60倍，总市值为450.99亿元；紫光国微市盈率（TTM）为75.32倍，总市值为1189.46亿元。如果给予生益科技75.32倍的市盈率（TTM），那么生益科技的市值为2046亿元，是远超紫光国微的，所以与其用市值大小来评判一家企业，不如花更多的时间来关注企业是否能赚真金白银。

我们今天就来看看生益科技这家公司。

生益科技是做覆铜板的。覆铜板一般指覆铜箔层压板。覆铜箔层压板（Copper Clad Laminate，简称CCL）是将电子玻纤布或其它增强材料浸以树脂，一面或双面覆以铜箔并经热压而制成的一种板状材料，简称为覆铜板。覆铜板是制作PCB的核心材料，占PCB原材料成本是最高的，根据生益电子招股说明书，覆铜板占PCB原材料成本的43%左右。

第四章 投资实战

我们来看看整个覆铜板的产业链，如下表所示。

覆铜板产业链	上游（原材料）	中游	下游	PCB 应用领域
	金属铜箔	覆铜板	PCB	通信设备、汽车电子、计算机及相关设备、消费电子、航空等
	木浆			
	玻纤纱			
	合成树脂			
	油墨、蚀刻液等			

来源：公开资料

覆铜板处于整个产业链的中游，其下游是 PCB。PCB 的应用领域非常广泛，从通信设备到航空航天，是现代电子信息产品不可或缺的元器件。PCB 应用领域的发展会带动 PCB 的发展，而 PCB 的发展也带动着覆铜板的发展。

看完了整个产业链，下面就分析生益科技这家公司。

生益科技于 1985 年成立，于 1998 年在上交所挂牌上市，主营覆铜板、粘结片和销售。2013 年，公司收购生益电子，开启了生产和销售 PCB 的业务。2021 年，生益电子于科创板上市。生益科技的覆铜板定位中高档，客户有华为、中兴、烽火、浪潮、三星等，产品销往美洲、欧洲、韩国、日本等多个国家和地区。

公司上市以来不光股价上涨了几十倍，而且近几年 ROE、扣非净利润、经营现金流等各项财务指标都很不错，详见下表。

年份	2016	2017	2018	2019	2020
ROE（%）	15.65	20.12	16.39	19.67	18.28
营业收入（亿元）	85.38	107.50	119.81	132.41	146.87
归母净利润（亿元）	7.61	11.13	10.65	15.63	18.00
扣非净利润（亿元）	7.30	10.02	9.25	13.94	16.06
经营现金流（亿元）	11.68	5.93	13.37	16.92	17.58
净现比	1.53	0.53	1.26	1.08	0.98

来源：生益科技年度报告

价值投资要义

不仅如此,根据公司 2022 年 1 月 27 日发布的《2021 年年度业绩预增公告》,预计 2021 年年度实现归属于上市公司股东的净利润为 262000 万元至 290000 万元,与上年同期相比,预计增加 93949 万元至 121949 万元,同比增加 56%~73%;预计 2021 年年度实现归属于上市公司股东的扣除非经常性损益的净利润为 240000 万元至 266000 万元,与上年同期相比,预计增加 79423 万元至 105423 万元,同比增加 49%~66%。

公司上市以来一直处于不断成长的状态,深耕覆铜板领域,从 2014 年至今,公司在刚性覆铜板市场份额排名全球第二,下表是 2020 年全球刚性覆铜板行业市场份额。

公司名称	市场份额
建滔积层板	15%
生益科技	12%
南亚塑胶	11%
松下电工	7%

来源:CCLA

这一点是令投资者比较高兴的:覆铜板行业集中度高,格局非常明朗,比较好投资。

另外要说明的是生益科技市场份额大很大程度上是因为中国 PCB 的产能在全球不断提高并占了全球 PCB 产能的半壁江山。本身在过去二十多年,美国、日本、欧洲是 PCB 的产能大国,但是后来它们仅保留少量产能在国内,产能向中国转移。

我们可以来看下 2000 年全球 PCB 的市场份额和 2020 年全球 PCB 的市场份额,并做一个对比。

2000 年全球 PCB 的市场份额如下表。

国家 / 地区	PCB 市场份额
日本	28.7%
美洲	26.1%

续表

国家/地区	PCB市场份额
亚洲其他	21.0%
欧洲	16.1%
中国	8.1%

来源：Prismark

2020年全球PCB的市场份额如下表。

国家/地区	PCB市场份额
中国	53.4%
亚洲其他	31.0%
日本	9.0%
美洲	4.3%
欧洲	2.3%

来源：Prismark

中国的市场份额在未来几年内应该是保持稳定的。但是中国的覆铜板公司大而不强。覆铜板分为传统覆铜板和高频高速覆铜板，二者的核心区别在于介电性能。总的来说，高频高速覆铜板要优于传统覆铜板，高频高速化也是未来覆铜板发展的趋势。一方面是高频高速覆铜板传输中损耗更低一些，另一方面是高频高速覆铜板介电常数更稳定、性能一致性更好。目前高频高速覆铜板占整个覆铜板销售额比重超过20%并且比重不断提高，这个趋势在接下来几年应该会持续下去。

高频覆铜板目前是由美国和日本垄断的，高速覆铜板目前是由日本和中国台湾垄断的，中国大陆正在不断研发以寻求替代。2020年，中国大陆在高频高速覆铜板中的市占率为7.3%。

国家/地区	市占率
中国台湾	47.1%
日本	20.3%

价值投资要义

续表

国家／地区	市占率
美国	12.5%
中国大陆	7.3%

来源：Prismark

在高频板中，市占率最高的是松下电工和台耀科技，生益科技小于5%。

公司名称	所属国家／地区	市占率
松下电工	日本	20%~25%
台耀科技	中国台湾	20%~25%
联茂电子	中国台湾	15%
台光电子	中国台湾	10%~15%
生益科技	中国大陆	<5%

在高速板中，市占率最高的是罗杰斯，生益科技也是小于5%。

公司名称	所属国家／地区	市占率
罗杰斯	美国	60%~65%
泰康尼	美国	10%~15%
生益科技	中国大陆	<5%

高频高速覆铜板的生产是核心技术壁垒。就拿高频覆铜板来说，一方面，配方是核心门槛，对各项参数要求较高，需要企业不断地去试错；另一方面，产品认证周期比较长，在认证的时候不仅需要对产品进行性能测试，而且需要验证企业的生产能力和供货速度，这个认证至少需要2年。美国的罗杰斯和日本的松下等企业都是在这个领域发展了数十年甚至上百年才有的技术优势。

至于生益科技在2013年收购生益电子，开启了PCB业务，这个在本人看来是在公司能力圈范围内的一次收购，因为PCB本身就在覆铜板的下游。至于生益电子在科创板上市，截至2022年2月18日，生益电子市盈率（TTM）为45.04倍，本人对此看法是这样的：目前刚上市财务数据不多，估值也比较高，并且生益电子在 PCB 领域的业务排名不靠前，所以目前没有投资的价值。

在收购了生益电子之后，我们可以来看下公司近三年的营收结构。目前来看，2019 年和 2020 年覆铜板与 PCB 营收比例约为 3∶1，2018 年覆铜板与 PCB 营收比例约为 5∶1，PCB 营收占比呈现越来越高的趋势。

年份	2020	2019	2018
覆铜板和粘结片营收	10848914471.21	10002273355.85	9767165325.86
PCB 营收	3558356290.28	3041662552.18	2035579770.80

来源：生益科技年度报告

最后我们来看一下行业的"下下游"，也就是 PCB 应用领域的情况。PCB 的应用领域有很多，但是在未来几年发力的应该是通信设备和汽车电子两大领域。

先看通信设备。5G 会推动基站、手机、服务器的建设发展和升级，这个趋势大概会在 2021 年到达顶峰，然后从 2022 年开始有所回落。

再看汽车电子。未来几年，新能源汽车和自动驾驶技术会不断发展，这个是大的趋势，国家政策会给予新能源这个行业非常大的支持，电动车的渗透率会不断提高，车载 PCB 的用量会提升。从生益科技的主要客户是华为、中兴、浪潮、三星中我们也可以看出这一点。

我个人比较喜欢去投资行业中游或者上游的公司，因为我比较关注一家公司的商业模式。我无法判断 5G 建设的高峰是在什么时候，会推动下游哪些公司的发展，导致未来这些公司的竞争格局是什么样的，我也没有办法判断新能源的大趋势下哪些公司会获得较大的市场份额，但是我知道 5G 和新能源是未来发展的一个方向，而通信设备和汽车电子的需求会给生益科技源源不断地提供充足的现金流。

最后想要说的是关于生益科技的周期性，这是市场的主要疑虑所在。从历史的发展趋势来看，覆铜板的价格和需求呈现一定的周期性，会出现在某几年周期上行、再过几年周期下降的特点。覆铜板有着"价格上涨→周期见顶→价格回落"的运行规律。其实对于周期性，作为普通投资者，我是没有能力预测出上行或者下降周期的。

价值投资要义

生益科技的周期性源于两点：第一点是上游原材料的价格会出现波动，铜箔、玻纤纱和环氧树脂的产能都有很强的周期性。第二点是下游 PCB 的需求会发生变化，比方说 2002 至 2008 年的个人计算机、2009 至 2010 年的智能手机、2014 至 2018 年的 4G。随着应用领域需求的改变，PCB 的需求也会改变。

我们可以看下从 2010 年开始的覆铜板周期：2010 年至 2014 年，PCB 应用领域的需求没有出现爆发性的增长，而覆铜板的产能在不断扩张，出现了供大于求的状态。2015 年至 2017 年，覆铜板开始涨价，形成了上行周期。2018 年至 2019 年，中美贸易争端战导致 PCB 需求急剧萎缩，覆铜板步入下行周期。2020 年至今，5G 和新能源推动了覆铜板新一轮的上行周期。

关于第一点，考虑到覆铜板行业集中度高，生益科技作为老二具有和下游的议价能力，所以当上游原材料出现涨价时，处于中游的生益科技会将价格传导给下游，实现转嫁。关于第二点，PCB 作为电子工业之母，需求肯定会长期存在，既然没有能力预测，干脆不去预测。

关于生益科技的周期性，分析了这么多，本人结论就是无视生益科技的周期性，而事实上生益科技一直是处于在周期中不断成长的属性，这一点从生益科技覆铜板的单价、产值和毛利率不断上行可以看出。

总的来说，生益科技作为全球第二大的覆铜板公司，具有一定的技术优势和规模优势，是一家很不错的公司。截至 2022 年 2 月 18 日收盘，生益科技市盈率（TTM）仅为 16.60 倍，总市值为 450.99 亿元，在本人看来是一个很不错的买点。但是投资生益科技也有需要注意的地方。首先是高频高速覆铜板的核心技术不在中国大陆，这是要大陆企业花时间去攻破的竞争壁垒。其次是目前全球 PCB 的产值已经保持稳定了，未来全球 PCB 的 CAGR 在 3% 左右，增速不高，中国大陆覆铜板规模在未来几年的 CAGR 在 5% 左右，这个增速也不高。最后是 5G 的需求估计在 2022 年或者 2023 年就开始回落了，这会减少覆铜板的销量和营收。

第四章 投资实战

汤臣倍健

（写作时间：20202年3月14日）

按照从行业到公司自上而下的选股惯例，先分析一下保健品这个行业。市场上很多投资者排除汤臣倍健是因为它是一家保健品公司，他们天生排斥保健品行业，对于这个行业一股不买。其实我个人觉得应该怀着开放的思维去认知和研究，因为这个时代发展很快，如果固守成规，很有可能错过不少投资的机会。在分析汤臣倍健这家公司之前，我们需要搞懂保健品这个行业是什么样子的。

对于保健品，目前没有形成统一的称谓。美国叫膳食补充剂（Dietary Supplement），欧洲叫食品补充剂（Food Supplement），中国叫"膳食营养补充剂"（Vitamin & Dietary Supplements，简称VDS）。根据汤臣倍健年度报告，VDS是以维生素、矿物质及动植物提取物为主要原料，通过补充人体必需的营养素和生物活性物质，并对特定的人群具有平衡营养摄取、调节机体功能的作用。

保健品不是食品，因为它不能够代替正常饮食；保健品也不是药品，因为它不能直接治疗疾病。但是它具有食品和药品的功能，就是说兼顾了"消费＋医药"的属性。保健品属于重复性消费品，它不能很快地改变人的身体素质，需要人长时间服用。

保健品一直以来是一个颇有争议的行业，经常与"智商税""传销"等词挂钩。中国保健品行业起步比较晚，并且给大家的印象不是很好，很多人提到保健品，就带有一定的成见。关于保健品的历史，总的来说就一句话：早期企业的发展无序和野蛮生长引来了监管，目前在监管不断加强的情况下规范发展。

中国保健品行业的发展大概从20世纪80年代起步的，一开始是行业无序竞争，公司不断夸大营销，然后国家监管开始不断加强，目前保健品企业在国家稳健规范下正常发展。

根据2017年欧睿数据，中国保健品消费全球排名第三，占全球保健品市场

价值投资要义

16.0%。美国占 31.4%，排名第一；欧洲占 18.7%，排名第二；拉美占 8.3%，排名第四；日本占 8.1%，排名第五。考虑到中国的 GDP 和人口数量，虽然中国保健品消费总量比较大，但是人均消费比发达国家低得多。

过去十几年中国保健品消费市场的 CAGR 在 10% 左右，但是保健品行业直接跟 GDP 和消费水平挂钩，考虑到新冠疫情带来的全球经济衰退而保健品属于可选消费，所以未来几年保健品消费市场的 CAGR 应该是小于 10% 的。

中国保健品市场的行业集中度比较低，投资难度比较大，根据 2021 年欧睿数据，中国保健品市场占有率排名第一为汤臣倍健，占比 10.3%；排名第二为无限极，占比 9.1%；排名第三为安利，占比 5.8%；排名第四为完美，占比 4.5%；排名第五为东阿阿胶，占比为 4.4%。排名前五的企业只占到了 33.8% 的市场，目前保健品行业属于竞争型市场。这也是意料之中的，毕竟过去保健品市场行业壁垒比较低、监管比较松，但是利润比大多数食品和一些药品行业高，导致了很多企业过来分一杯羹，所以目前格局比较分散。

不过行业格局分散不代表不能投资，甚至有些行业格局分散公司投资收益率更高。我知道很多传统的价值投资者喜欢投垄断，不喜欢投竞争，但是要知道的是，在你看来是确定性高的垄断公司在别人眼里也不差，大家都去买，股价起伏不大，很难获得超额收益。

保健品分为四大类：膳食补充剂、运动营养、体重管理和传统滋补。根据 2020 年欧睿数据，在中国保健品行业中膳食补充剂占比 60.00%，传统滋补占比 33.55%，体重管理占比 4.77%，运动营养占比 1.31%。不光中国保健品行业膳食补充剂占比最高，在美国和日本也是如此。但是膳食补充剂、传统滋补和体重管理这三类基本在未来行业的复合增速不高，倒是运动营养在未来的 CAGR 可能会大于 10%。

看了保健品这个行业，接下来就可以分析汤臣倍健了。汤臣倍健在 2019 年商誉暴过一次大雷，在 2019 年交了一份很差的年度报告，当年的 ROE 为 −6.50%，归母净利润为 −3.56 亿元，遭遇了上市以来首个亏损。

一直以来，本人在企业分析时都对商誉占比过高的公司保持高度谨慎，因此排除过很多企业，比方说复星医药。

商誉是指在企业合并时购买企业投资成本超过被合并企业净资产公允价值

的差额。商誉在资产负债表里写在非流动资产一栏的,但是实际上它不是一项真正的资产,本质上是企业兼并收购买贵了的产物。商誉不能够出售和变现,以前是要求年年摊销的,现在不要求了,但是每年要做减值测试,确认相应的减值损失,这一点对于喜欢兼并收购的企业比较有利的。如果减值测试评估下来不需要计提减值准备,则商誉资产总值不变;如果减值测试评估下来需要计提减值准备,则从当年利润里扣除。

兼并收购本身就是一个带有主观意愿的交易,即使是沃伦·巴菲特和查理·芒格,在评估一家企业的价值时也是"模糊的精确"。两位顶级的投资大师在估值上也是很"模糊"的。在兼并收购交易中,只要一个愿意买,一个愿意卖,交易就可以完成,即使会计事务所的审计师来审查也是合法的。就拿二级市场来说,有人愿意50倍PE买茅台,有人愿意30倍PE买茅台,他们都能买得到,都是合法的,不会有人说他们买错了。即使从相对估值法的角度来说,50倍PE买茅台已经非常贵了,但是人家就是愿意,你能判断他错吗?不能。

本人对于汤臣倍健收购LSG导致商誉暴雷的判断是:汤臣倍健管理层过于着急的收购导致了战略上的正确、估值上的错误。

根据汤臣倍健年度报告,公司是在2018年8月完成对LSG的现金购买并取得控制权,从此LSG成为了汤臣倍健的控股子公司。LSG是一家澳大利亚益生菌生产商,规模比较大,最主要产品品牌为Life-Space益生菌。

汤臣倍健在2018年7月13日发布了关于收购LSG的可行性研究报告。我们来简单的看一下LSG的财务数据,如果是你,你会用什么样的价格收购它?(因为汤臣倍健是在2018年中时收购LSG的,收购时并没有LSG 2018年全年的数据,当时仅列出到2018年8月31日的财务数据。考虑到现在可以看到LSG 2018年全年的数据,故简化数据并列出。)

先看LSG简易的合并资产负债表:

年份	2018	2017	2016
资产总计(亿元)	4.4	2.9	2
负债总计(亿元)	3	1.9	1.25

来源:公司公告

价值投资要义

再看 LSG 简易的合并利润表：

年份	2018	2017	2016
营业收入（亿元）	7.2	4.7	3.1
净利润（亿元）	0.84	0.63	0.63

来源：公司公告

再看 LSG 简易的合并现金流量表：

年份	2018	2017	2016
经营现金流（亿元）	−0.66	0.1	0.2
投资现金流（亿元）	−0.19	0.17	−0.23
筹资现金流（亿元）	0.3	0.2	0.38

来源：公司公告

考虑到收购时没有 2018 年全年的数据，如果只看 2017 年的数据，对一家总资产只有约 3 亿和净利润约只有 0.6 亿的公司，汤臣倍健花了 35.62 亿元去买！用评估值/净利润模糊地计算一下市盈率的话：35.62÷0.63≈56.54 倍，也就是说市盈率高达 56.54 倍；用评估值/净资产模糊地计算一下市净率的话：35.62÷（2.9–1.9）=35.62 倍，也就是说市净率高达 35.62 倍。

我们可以看下汤臣倍健《关于收购 Life-Space Group Pty Ltd 的可行性研究报告》原文：本次评估采用两种评估方法，其中，采用市场法进行评估，LSG 100% 股权在评估基准日 2017 年 12 月 31 日的评估值为 356248.84 万元，评估增值 346101.47 万元，评估增值 34.11 倍；采用收益法进行评估，LSG 100% 股权在评估基准日 2017 年 12 月 31 日的评估值为 386209.93 万元，评估增值 376062.56 万元，评估增值率 37.06 倍。本次交易选取市场法结果作为本次评估的最终结论，LSG 100% 股权价值。

很明显，收购 LSG 属于溢价收购，因为它不值 35 亿元。虽然给予了 LSG 这么高的估值，汤臣倍健竟然对 LSG 没有任何业绩要求，双方没有签业绩对赌协议，所以业绩是否可持续带着比较大的不确定性。

截至 2017 年年底，汤臣倍健资产总额只有 61.14 亿元左右，也就是说它花了将近 57% 的资产去收购 LSG。本次收购 LSG 除了形成 22 亿元的商誉以外，还形成了 14 亿的无形资产，占汤臣倍健 2018 年无形资产总额的 90%。

2019 年，受《中华人民共和国电子商务法》实施影响，LSG 在澳大利亚市场的业绩未达成预期，汤臣倍健对合并 LSG 形成的商誉进行了减值测试，计提商誉减值准备 100870.89 万元，计提无形资产减值准备 56176.89 万元并转销递延所得税负债 16853.07 万元。

汤臣倍健收购 LSG 花了 35 亿元左右，目前计提了商誉和无形资产减值共计约 15.62 亿元，将近减值了 45%。如果 LSG 未来预期不达预期的话，商誉还会进一步减值，毕竟人家还有一半以上可以减值呢。

《电子商务法》于 2019 年 1 月 1 日起施行，该法规定电子商务经营者应当依法办理市场主体登记、依法纳税。而 LSG 作为澳大利亚公司，其跨境业务主要靠代购，《电子商务法》实施后，受到了巨大的冲击。

2013 年 12 月 27 日，全国人大常委会就启动了《电子商务法》的立法进程。

2016 年 12 月 27 日至 2017 年 1 月 26 日，电子商务法在中国人大网向全国公开电子商务立法征求意见。管理层应该是有充分的时间去关注《电子商务法》的，我个人的观点是管理层大概率没去关注。

关于市场上对于《电子商务法》的通过时间和汤臣倍健完成 LSG 的收购交割日只相差一天，本人觉得纯属巧合，没有必要因此大做文章。因为汤臣倍健很早就开始了对于 LSG 的收购，只是在 2018 年 8 月 30 日刚好是交割日期而已。

那么本人为什么会说汤臣倍健收购 LSG 是"战略上的正确、估值上的错误"呢？因为汤臣倍健收购 LSG 是基于三个战略逻辑：跨境电商、国际化、益生菌细分市场。跨境电商和国际化比较好理解，我们来说下益生菌。益生菌能够促进营养吸收，保持肠道健康，目前在乳制品、休闲食品和益生菌补充剂中应用比较多。根据欧睿数据，益生菌未来五年的 CAGR 在 15% 左右，应该算保健品行业中增长最快的一个赛道了。

中国保健品行业中做益生菌补充剂的企业没有特别突出的，在澳大利亚企业市场份额就集中很多了。站在汤臣倍健的角度，如果只看 2017 年数据的话，LSG 市场份额为 20%，在澳大利亚排名第二。排名第一的叫 Inner Health，市场份额为 38%。

需要注意的是，澳大利亚的企业如果要将产品卖到中国，在经营理念和企

价值投资要义

业文化上需要做出一定的调整。益生菌属于健康领域产品，一方水土养一方人，中国人的体质和澳大利亚人的体质是不同的，如果仅仅照搬澳大利亚那一套肯定是行不通的。

总的来说，汤臣倍健收购LSG在战略上是正确的，因为益生菌是一个很好的赛道，但是在估值上是完全错误的，因为买得太贵了。从我个人的角度来说，这次收购是过大于功的，管理层如果实在看好益生菌也不应该用这么贵的价格去买，最直接的坏结果就是商誉减值，导致当年归母净利润为负。如果要投资汤臣倍健的话，投资者需要持续关注商誉减值的情况，因为如果业绩不及预期的话，还有将近55%的商誉没有减值。

说完了汤臣倍健的商誉暴雷，接着咱们看看汤臣倍健这家公司。

汤臣倍健在1995年成立，于2010年在深交所上市，是国内保健品行业的龙头企业，主营业务为膳食营养补充剂的生产、研发和销售。如果排除掉2019年亏损，2011年归母净利润只有1.86亿，到了2021年公司归母净利润达到了17.54亿元，上市以来归母净利润CAGR超过25%，给予了股东非常丰厚的回报。我们来看下2017—2021年汤臣倍健的财务数据。

年份	2017	2018	2019	2020	2021
ROE（%）	15.80	19.00	-6.50	23.97	19.34
营业收入（亿元）	31.11	43.51	52.62	60.95	74.31
归母净利润（亿元）	7.66	10.02	-3.56	15.24	17.54
扣非净利润（亿元）	6.44	9.14	-4.31	11.44	15.40
经营现金流（亿元）	9.54	13.49	15.37	15.66	18.19
销售费用（亿元）	9.73	12.80	16.50	18.18	24.78
净现比	1.25	1.35	-4.32	1.03	1.04

来源：汤臣倍健年度报告

我们可以看出，除了2019年商誉暴雷以外，整体的财务数据还是比较好看的，净现比大于1说明净利润含金量还是比较高的。我们这次分析把销售费用也加了上去，保健品行业的消费属性和白酒行业不同，酒文化是根植在中国人的骨子里的，而保健品则需要不断通过宣传推广自己的产品，即使在老龄化趋势下，推广也是必不可少的。

2009 年，安利以 14.4% 的市场份额稳居中国保健品行业第一时，汤臣倍健的市场份额仅仅只有 0.8%。十几年过去，汤臣倍健已跃居中国保健品行业老大。

汤臣倍健实施了"大单品＋形象产品＋明星产品"战略，将公司的各个产品给予了不同定位，我个人觉得这个战略很好，下面我们就从"大单品＋形象产品＋明星产品"战略来看看公司产品情况。"大单品＋形象产品＋明星产品"战略是指大单品：健力多、Life-space、健视佳、健安适、舒百宁，形象产品：蛋白粉、多维片男女专属配方和明星产品：牛初乳加钙咀嚼片、褪黑素。"大单品＋形象产品＋明星产品"中有些产品属于汤臣倍健主品牌，有些则不属于。汤臣倍健主品牌在 2021 年营业收入 44.45 亿元，营收占比将近 60%；2020 年营业收入为 35.78 亿元，营收占比将近 59%；2019 年营业收入为 32.12 亿元，营收占比将近 61%。总的来说，主品牌近三年占公司营收的 60% 左右。

然后是大单品，先看健力多。健力多营养成分包含氨糖、软骨素等，品牌商标注册时间为 2013 年，是子公司广东佰嘉药业有限公司的营养品牌。健力多的产品定位为关节营养护理，目标客户定位为具有骨健康风险的老年人，产品作用为补充软骨营养，促进修复软骨，增加骨密度。健力多近三年的营业收入为 2021 年 14.08 亿元，2020 年 13.13 亿元，2019 年 11.90 亿元。

Life-space 在前文提到过，主要是做益生菌的，近三年营业收入为 2021 年 1.84 亿元，2020 年 1.32 亿元，2019 年 1.29 亿元。

健视佳功效成分为维生素 A、叶黄素等，品牌商标注册时间为 2016 年。健视佳的产品定位为眼部健康营养，目标客户定位为用眼过度的青少年与视力减弱的中老年人，产品作用为缓解眼部疲劳。

健安适营养成分为水飞蓟提取物、葛根提取物、丹参提取物等，品牌商标注册时间为 2020 年，是子公司广东佰嘉药业有限公司的品牌。健安适的产品定位为护肝保健，目标客户定位为有熬夜、饮酒和高脂饮食习惯的人群，产品作用为抗肝氧化、促进酒精分解等。

舒百宁主要营养成分为纳豆冻干粉和红曲粉，品牌商标注册时间为 2017 年，是子公司广东佰嘉药业有限公司的品牌。舒百宁产品定位为心脑血管健康，目标客户定位为中老年高血脂人群，产品作用为辅助降血脂。

价值投资要义

　　接着是形象产品。蛋白粉和多维片两大形象产品都属于主品牌。蛋白粉属于运动营养类保健品，蛋白粉是采用提纯的缺乏甲硫氨酸的大豆蛋白或乳清蛋白等的几种蛋白组合体，为人补充蛋白质。汤臣倍健的蛋白粉卖得比较好，在线上渠道天猫、京东等成交额排名第一。多维片主要针对需要补充多种维生素矿物质的成人。

　　最后看明星产品：牛初乳加钙咀嚼片。汤臣倍健牛初乳加钙咀嚼片是用新西兰进口牛初乳粉和碳酸钙等为主要原料制成的保健食品，产品定位为免疫力低下的4岁以上儿童，产品作用为补钙和增强免疫力。

　　关于汤臣倍健的多个产品，主品牌、健力多和Life-space是营收的主要来源，营收占比比较重，而其余产品目前还处于推广阶段，并不能贡献较大的营收。我们来看下近年来汤臣倍健"主品牌＋健力多＋Life-space"营收和营收占比：

年份	2021	2020	2019
"主品牌＋健力多＋Life-space"营收（亿元）	60.37	50.23	45.31
总营收（亿元）	74.31	60.95	52.62
"主品牌＋健力多＋Life-space"营收占比	81.2%	82.4%	86.1%

来源：汤臣倍健年度报告

　　我们再来看下汤臣倍健的管理层。根据2021年汤臣倍健年度报告，汤臣倍健董事长梁允超持股比例为41.79%，股权非常集中。汤臣倍健2021年年度报告中关于梁允超介绍是这样的：中国国籍，拥有香港居留权，中山大学管理学院高级管理人员工商管理硕士。2008年9月至今任本公司董事长；2013年10月至今任诚承投资控股有限公司董事长。

　　梁允超于1969年出生，曾经就职于广东太阳神集团有限公司，是保健品行业的老将，他见到了保健品行业早期的暴利和低门槛，见到了太阳神因夸大宣传导致从辉煌到没落只用了几年的时间，所以他对外从来不说汤臣倍健是做保健品的，而是说汤臣倍健是做膳食营养补充剂的。他常说"诚信比聪明更重要"，并将之作为公司的核心价值观，他认为公司的信誉非常重要。当然，对于公司的发展，汤臣倍健的管理层还是有一点急功近利的，从收购LSG上我们便可以看出来。其实如果看好益生菌的话，完全可以再等一等或者买得便宜一点。

第四章　投资实战

总的来说，本人对于汤臣倍健的管理层是比较认可的。

最后我们可以说下汤臣倍健的投资逻辑了。我们可以看出目前保健品行业集中度不高，但是未来空间比较大，2021年汤臣倍健市占率为10.3%，排名第一，是可以轻仓投资的。

首先，我们要考虑政策的力。参照过去，未来保健品行业的监管还会逐步稳健和规范，本人认为这是利好汤臣倍健的。目前保健品行业还是鱼龙混杂，还有一些小公司在搞一些违法的事情。如果监管趋于严格，是利好行业里的龙头企业的，甚至会导致行业集中度变高。从近十几年的发展状况看，保健品龙头公司会带动整个行业的发展，让行业格局从分散走向集中。

其次，中国的老龄化趋势会带动银发经济。参考日本和美国我们也可以看出，保健品行业还是比较有潜力的，这点市场是比较认同的。随着老龄化的加深，保健品的需求会不断提升。此外，现在年轻人工作压力大，亚健康状态人群不断扩大，保健品的需求有所加大。

保健品还具有高端白酒所具有的礼品属性，保健品购买者和使用者会出现分离的情况，一般来说是年轻人送给老年人的。礼品属性比较考验保健品公司的品牌，如果一家保健品是公认的品牌好并值得消费者信赖，那么大家对于其购买力度会加大。但是目前保健品的礼品属性没有高端白酒那么明显。前文中也提到过保健品与白酒的区别。中国自古以来有酒文化，但是保健品给大家的印象不太好，所以对于汤臣倍健的销售费用要持续跟踪。公司如何通过线上和线下渠道推广产品，产品推广的怎么样，都是我们投资者需要注意的。

还有一点值得注意的就是：考虑到"主品牌+健力多+Life-space"营收占比比较重，其余产品"护城河"不深，还没有形成比较强的用户黏性，所以在市场上竞争力还不好判断，如果公司其余产品如果销售不及预期，可能会面临部分产品退出市场的局面。

最后要注意的就是前文提到的商誉减值情况。根据2021年汤臣倍健年度报告，汤臣倍健商誉/净资产=10.67%，目前占比不是很重，但是LSG还有将近55%的商誉没有减值，如果业绩不达预期的话，应该会继续减。

截至2022年3月14日，汤臣倍健的市盈率（TTM）为21.70倍，在我看来是个不错的买点。

芒果超媒

（写作时间：2022 年 4 月 13 日）

先说不好的方面。芒果超媒 2018 年借壳快乐购上市，目前只有三年的财务数据，并且 2020 年年度报告水分比较大，该年资本化研发支出占研发投入的比例为 42.25%。不仅如此，2018 年经营性现金流为负，2019 年和 2020 年净现比只有 0.25 和 0.29，说明公司利润含金量不高。

再说好的方面。无论是净利润还是经营现金流，芒果超媒的增速都非常高，这也是这几年市场比较看好芒果超媒的原因。从 2018—2020 年股价上来说，上涨也没啥问题，2018 年公司股价还在 20 元附近，经过两年的牛市，2021 年初股价达到高点 90 元左右。

我们可以先看下这三年芒果超媒的财务数据。

年份	2018	2019	2020
ROE（%）	17.43	15.48	20.46
营业收入（亿元）	96.61	125.01	140.06
归母净利润（亿元）	8.66	11.56	19.82
扣非净利润（亿元）	2.88	10.93	18.46
经营现金流（亿元）	-3.77	2.93	5.81
净现比	-0.44	0.25	0.29
资本化研发支出占研发投入的比例	2.02%	14.62%	42.25%

来源：芒果超媒年度报告

根据芒果超媒的年度报告，公司的主营业务分为芒果 TV 互联网视频业务、新媒体互动娱乐内容制作、媒体零售和其他业务四类。

芒果 TV 互联网视频业务是指公司通过自主研发、运营的芒果 TV 互联网视频平台以及 IPTV、OTT 等渠道提供横跨全屏的内容服务,目前业务覆盖了 PC 网页端、PC 客户端、移动 APP、互联网电视等。

互联网视频业务收入主要分为广告收入、会员收入和运营商业务。广告分为软广和硬广。会员有线上的会员包和线下的会员卡。运营商业务指与各大运营商签署合作协议,公司提供内容产品,配合市场推广与营销,运营商发展用户,用户订购后,双方对相关收入进行分成。

新媒体互动娱乐内容制作包括内容制作及运营、艺人经纪、音乐版权、游戏及 IP 衍生开发。媒体零售分为传统媒体零售和媒体电商两方面。其他业务占比比较少,可以不用看。

芒果 TV 互联网视频业务营收是公司最主要的业务,营收占比最重并且逐年增加,新媒体互动娱乐内容制作营收、媒体零售营收及其他业务营收占比都在逐年减少。芒果 TV 互联网视频业务的广告、会员和运营商业务都与芒果 TV 的用户直接相关。根据芒果超媒年度报告,芒果 TV 这三年有效会员数为 2018 年 1075 万人、2019 年 1837 万人、2020 年 3613 万人,同比增速分别为 138%、71%、97%,增长速度非常快。相应地,无论广告、会员还是运营商业务收入,同比增长都非常快,公司利润和现金流增速非常高。不仅如此,芒果超媒在 2021 年度业绩预告中披露:《乘风破浪的姐姐》《披荆斩棘的哥哥》《再见爱人》等热门综艺和《我在他乡挺好的》《猎狼者》《第十二秒》等口碑剧集,有效带动公司广告和运营商收入增速均超过 30%,年末芒果 TV 有效会员数达 5040 万,同比增长 40%。处于战略性培育期的新潮国货内容电商平台小芒,报告期内日活峰值达 126 万。

芒果超媒和哔哩哔哩为中国第二梯队的在线视频平台。第一梯队为"爱优腾":爱奇艺、优酷、腾讯视频,占据市场份额将近 80%,第二梯队占据市场份额 10% 左右,剩下为第三梯队,包括搜狐视频等。

梯队排名和各平台的资金实力有关。芒果超媒背靠湖南卫视,其持股比例为 58.94%,为芒果超媒最大股东。因地方卫视资金相对有限,在 2019 年的时候,芒果超媒引入中国移动和中国人寿的战略投资。在 2020 年,芒果超媒将 5.26% 的股份协议转让给阿里创投。因为背靠湖南台的原因,公司营收将近 30% 是湖南省内收入。下表为公司省内省外收入占比。

价值投资要义

年份	2018	2018 占比	2019	2019 占比	2020	2020 占比
湖南省内收入（元）	3181754127.39	32.94%	4354887302.09	34.84%	4513906434.72	32.23%
湖南省外收入（元）	6478907286.33	67.06%	8145776929.96	65.16%	9491628520.64	67.77%

来源：芒果超媒年度报告

而"爱优腾"则有很强的资金实力。爱奇艺在美股上市，优酷和腾讯视频未上市。爱奇艺的大股东是百度，百度持有股份 52.20%。腾讯视频是腾讯控股的，优酷背靠阿里巴巴。从财务的角度看，目前仅芒果超媒盈利，"爱优腾"则一直处于亏损状态。我们可以很直观地看出长视频不是一个好生意，三巨头至今不仅没赚到钱，还在疯狂烧钱中，这些能存活至今的长视频企业全靠背后的金主支持。

拿美股上市公司爱奇艺举例，2017—2021 年归母净利润为负，资产负债率不断增高，2020 年和 2021 年经营现金流为负。财务数据如下表所示。

年份	2017	2018	2019	2020	2021
营业收入（亿元）	173.78	249.89	289.94	297.07	305.54
归母净利润（亿元）	−37.37	−91.10	−103.25	−70.45	−61.9
经营现金流（亿元）	40.12	28.84	39.06	−54.11	−59.52
资产负债率（%）	59.00	59.44	78.31	80.40	86.64

来源：爱奇艺年度报告

因政策原因，爱奇艺作为中概股，近一年股价不太乐观。2021 年，爱奇艺股价从高点 28 元附近跌至低点 1.8 元左右，下跌幅度超过 90%，但目前爱奇艺的月活跃用户（MAU）和日活跃用户（DAU）是最高的，MAU 和 DAU 排名：爱奇艺＞腾讯视频＞优酷＞芒果 TV。2017—2021 年爱奇艺的每用户平均收入（ARPU）稳定在 13 至 15 元/户左右。无论是美国的奈飞、迪士尼和 HBO，还是中国的"爱优腾"，长视频企业赚钱能力和 MAU、DAU、ARPU 这些指标正相关。

这两年的疫情对于线下影院是利空，但是会带动"爱优腾"和芒果 TV 线上

MAU、DAU 的增加。不过从长期的视角来看，长视频的制作受疫情影响产出量不高，用户如果老是在平台看到相同且没有更新的作品也会感到无聊和厌烦。从我个人的经历来看，从早期的 56 网、乐视网、土豆网到现在的"爱优腾"和芒果 TV，长视频行业的变化还是比较大的，并且"爱优腾"烧钱如此厉害，没有盈利，未来的持续性也尚待考量。

规模优势、网络效应、成本优势等都不是长视频企业的"护城河"。长视频企业真正的"护城河"是内容，其核心竞争力是能持续不断地给用户提供优质的内容。对于长视频企业来说，存量比流量重要的多。优质内容是积累存量的唯一要素。优质的内容不仅能获取用户和增加用户黏性，还能形成竞争壁垒。长视频的内容创作门槛比较高，创作周期也相对较长，而且不易复制长视频分为非自制内容和自制内容。

先说非自制内容的版权。随着政策对于版权的保护，用户的付费意识也在不断增强。现在很多平台也会在一些电影上标注"独家"这个标志。比方说用户想要看周星驰的电影，但是只有爱奇艺平台上有，那么用户就会选择爱奇艺平台。

再说自制内容。芒果超媒推出的《乘风破浪的姐姐》是当时非常爆款的综艺，公司利用会员抢先看的模式给芒果 TV 带来很高的热度和播放量。

随着生活的快节奏，人们在闲暇时间也越来越喜欢观看抖音、腾讯微视、快手等短视频。根据 Quest Mobile 数据，2019—2020 年抖音和快手月总使用时长是超过"爱优腾"的。市场观点普遍认为短视频的出现会冲击长视频，导致长视频平台 MAU、DAU 下降。

现代商业世界变化很快，一家公司的没落可能不是因为同行业的竞争对手，而是跨行业的颠覆。即使用一些经典的商业理论也不一定分析得出来，比方说用波特五力模型去分析芒果超媒，将同行业内现有竞争者的竞争能力、潜在竞争者进入的能力等五力列出来可能都不一定想到现在的短视频带来的影响。毕竟波特五力模型仅仅是在分析五力的结果，并没有办法指出五力的源头。

个人认为短视频的出现给长视频带来的不全是不利的影响。首先，短视频的内容创作门槛比较低，可复制性比较强，目前政策对于短视频版权也没有特别明确的规定，所以导致用户刷到同质内容的概率比较大。其次，短视频的一

价值投资要义

些视频剪辑内容来源于长视频，这会对长视频的内容起到一定的推广作用。比方说你在抖音上看到《乘风破浪的姐姐》片段，你可能接下来就会去芒果TV里看整个视频。最后长视频的内容比短视频的内容精致很多，给人心灵带来的影响也深刻很多，大家不可能抛弃长视频。

芒果超媒未来的增长点也很明显：公司花钱做内容，包括购买版权、自制内容等，吸引用户数量的增长，给平台带来广告收入、会员收入等。如果用户忠诚度不断提高，平台合作公司变多、广告收入会增加，就可以提高会员价格。总的来说就是一句话：长视频平台的关键点就是内容。

下面说下本人排除芒果超媒的原因。

首先这个商业模式就不是很好，长视频内容创作是非常烧钱的，并且创作周期很长，内容如果创作的不好未来能不能获得用户是不确定的。美国的奈飞虽然是佼佼者，但是早期创作的花费是巨大的，2017—2021年奈飞经营现金流三年为负两年为正。

其次，内容是长视频企业唯一的"护城河"，用户之所以选择这个平台，是因为它能提供用户想要的内容，用户其实并不关注这个平台是什么。大家看电影都喜欢看高分电影，只要这个平台能满足用户的观影需求，那么用户不会特别在意这个平台是什么；大家看综艺是冲着明星来的，没有人会关心背后的平台，明星火了，收入会很高，但平台的收入就不确定了。明星、演员、导演掌握着用户和定价权，而不是平台。

最后，内容的创作和科技企业的研发很类似，有很强的不确定性，平台需要持续不断地创作和更新内容获取用户。平台早期可能创作一个不错的综艺，但是如果后期创作不给力的话，一样不会获得很高的收视率。万一后续芒果超媒的内容创作不如预期，用户就会去看其他长视频平台了。

第四章　投资实战

分众传媒

（写作时间：2022 年 5 月 10 日）

在家闲来无事，除了看看公司年报之外也会读书，在看完江南春董事长的《抢占心智》和《人心红利》之后，对分众传媒产生了巨大的兴趣，于是对它进行了研究。

咱们先看下分众传媒在 A 股上市之后的财务数据：

年份	2015	2016	2017	2018	2019	2020	2021
ROE（%）	73.20	70.73	67.65	46.92	13.76	26.16	33.13
营业收入（亿元）	86.27	102.13	120.14	145.51	121.36	120.97	148.36
归母净利润（亿元）	33.89	44.51	60.05	58.23	18.75	40.04	60.63
扣非净利润（亿元）	30.69	36.32	48.52	50.26	12.82	36.46	54.14
经营现金流（亿元）	26.30	48.00	41.56	37.83	34.30	52.23	95.90
净现比	0.78	1.08	0.69	0.65	1.83	1.30	1.58

来源：分众传媒年度报告

我们可以很直观地看出分众传媒的财务数据——ROE、净利润、经营现金流、净现比，每年的变化都很大，呈现出"上蹿下跳"的周期性，这点会放在后面说。

在 2018 年以前，分众传媒的盈利能力是很强的，最直接最突出的就是高 ROE。放眼 A 股，ROE 超过 70% 的估计没几家，贵州茅台的 ROE 也就 30% 多。如果去掉 2018 年以前的货币资金和应收账款，轻资产模式的分众传媒经营性资产占比极少，但是创造的是数倍的营收和净利润。不仅如此，分众传媒的毛利率和净利率也很高。很难想象，一家传媒公司的毛利率可以高达 70% 多，净利率可以达到 40% 以上。

187

价值投资要义

经营性资产主要指企业因盈利目的而持有，且实际也具有盈利能力的资产，包括库存现金、应收账款、存货等项目。如果去掉货币资金和应收账款，我们可以将存货、固定资产、在建工程、商誉和长期待摊费用划分为经营性资产来看看分众传媒的盈利能力。我们可以看出分众传媒用较少的经营性资产创造出了数倍的营收和净利润。

年份	2015	2016	2017	2018	2019	2020	2021
存货（亿元）	—	—	0.07	0.03	0.04	0.05	0.1
固定资产（亿元）	3.01	2.66	3.51	17.85	15.81	11.58	9.15
在建工程（亿元）	—	0.06	0.14	0.14	0.07	0.06	0.05
商誉（亿元）	1.15	1.56	1.49	1.49	1.69	1.69	1.68
长期待摊费用（亿元）	0.06	0.05	0.04	0.13	0.25	0.19	0.13
经营性资产（亿元）	4.22	4.33	5.25	19.64	17.86	13.57	11.11
总资产（亿元）	125.02	121.29	155.55	190.22	186.87	216.46	255.55
经营性资产/总资产	0.03	0.04	0.03	0.10	0.10	0.06	0.04
营业收入（亿元）	86.27	102.13	120.14	145.51	121.36	120.97	148.36
营业收入/经营性资产	20	24	23	7	7	9	13
归母净利润（亿元）	33.86	44.48	59.73	57.92	18.55	40.01	61.12
净利润/经营性资产	8	10	11	3	1	3	6
毛利率	70.56%	70.44%	72.72%	66.21%	45.21%	63.24%	67.53%
净利率	39.24%	43.55%	49.72%	39.81%	15.29%	33.07%	41.19%

来源：分众传媒年度报告、慧博

分众传媒的轻资产会导致公司的市净率特别高，在2018年以前，分众传媒的PB竟然比贵州茅台还高，2018年以后固定资产增加终于让PB下降到个位数。

从财务数据可以很直观地看出，2018年之前，分众传媒的盈利能力不断上升，上市以来净利润、毛利率、净利率等都在不断攀升，并在2017年的时候达到了顶峰。但到了2018年之后分众传媒的经营状况就开始变差了，各项财务指标开始下降，并在2019年的时候跌入谷底。如果投资者在2017年顶峰的时候

第四章　投资实战

买入，从股价上来看应该会被套两年，这个也与分众传媒的周期性有关，我们也放在后面说。

分众传媒是中国最大的城市生活圈媒体网络运营商，核心业务主要分为楼宇媒体和影院媒体两块，其他业务可以忽略。分众传媒的广告覆盖了城市主流消费人群的工作场景、生活场景、娱乐场景和消费场景。除了覆盖国内主要的307个城市以外，分众传媒的业务在韩国、新加坡等国也有开展。根据2021年分众传媒年度报告，其目前已覆盖超过4亿中国城市主流人群。

楼宇媒体分为电梯电视媒体和电梯海报媒体，分布在写字楼电梯等候区、社区电梯内。其实大家平时在生活中就可以看到分众的LCD电视、智能屏和海报。影院媒体指在封闭放映厅里的映前广告和贴片广告。

从近几年的营收分布来看，分众传媒的主要营收来源是楼宇媒体，并且楼宇媒体的毛利率也常年高于影院媒体。

年份	2015	2016	2017	2018	2019	2020	2021
楼宇媒体营收（元）	6945208130.70	7847007319.59	9383457076.50	12075911151.93	10049430049.66	11575707549.15	13617777775.34
影院媒体营收（元）	1353174988.14	2044164023.29	2333135373.83	2381757656.89	1982712837.80	478495613.17	—
楼宇媒体营收占比	80.50%	76.83%	78.11%	82.99%	82.81%	95.69%	—
影院媒体营收占比	15.68%	20.02%	19.42%	16.37%	16.34%	3.96%	—
楼宇媒体毛利率	73.96%	74.50%	76.70%	70.09%	47.76%	64.13%	71.00%
影院媒体毛利率	62.19%	60.57%	57.62%	48.60%	33.70%	—	—

来源：分众传媒年度报告

虽然楼宇和影院都是线下渠道，但是新冠疫情对影院的影响还是要大于楼宇的。2020年分众传媒年度报告披露，影院媒体营收占比只有4%左右，2020年影院停业将近半年，可见疫情对分众传媒影院媒体业务几乎是毁灭性的打击。

分众传媒的商业模式很简单，大多数投资者都能读懂。分众传媒位于产业链中游，产业链上游为商务楼物业、社区物业、影院等，产业链下游为广告主。

价值投资要义

　　日用消费品和互联网行业是分众传媒这两年最主要的广告主，为什么这些下游的广告主不直接对接上游的商务楼物业、社区物业和影院呢？最主要的原因就是下游的广告主和上游的物业、影院太分散了。如果一个城市只有一家物业和影院，那么广告主会直接找上物业和影院，但现实是一个城市有数不清的物业和好几家影院。根据中指研究院数据，2020 年中国 TOP100 物业服务企业市占率为 49.71%，非常分散化。根据艺恩智库数据，2020 年中国 TOP5 院线票房市占率为 47.00%，比物业集中度高很多，所以影院的谈判地位就高。综上可知，分众影院营收占比不高并且毛利率低。

　　分众传媒在中游更像是一个组织者。为数众多的物业和影院直接跟广告主签约太麻烦，分众传媒可以将分散化的上下游组织起来创作价值。

　　还有一个原因就是广告商的作用。广告是一个独立的产业，品牌的营销是需要广告商策划、制作和发布广告的，广告商也可以给广告主及时的反馈。一家公司广告打得好不好对品牌建设是有影响的。在《抢占心智》这本书里面，江南春就拿五粮液和飞鹤奶粉举了鲜明的例子，五粮液曾经的广告语是"畅想美好人生"，这广告语听了压根无法让人联想到五粮液，与国酒茅台形成了鲜明的对比。再看分众传媒为飞鹤设计的广告：更适合中国宝宝体质的奶粉，使飞鹤与国际品牌奶粉区分开来，从而让飞鹤年销量不断增长。

　　其实，分众传媒一开始是在美股上市的。其于 2005 年 7 月在纳斯达克上市后，估值一直很低。这其实也很好理解，中国人口密集，写字楼和公寓等高层建筑也比较多，所以电梯也多，分众传媒的商业模式放在中国是非常好懂的。美国则地广人稀，美国人基本都住别墅，高层建筑少且分散，电梯也少，所以要美国的投资者理解分众的商业模式还是很困难的。

　　在《人心红利》这本书中也记录到分众传媒在美股估值低的问题，分众传媒董事长江南春曾经问过全球最大基金公司的老板：为什么百度能有 100 倍的 PE，而分众传媒却只有 25 倍的 PE 呢？

　　全球最大基金公司的老板回答道：百度是一家互联网企业，有无限的想象空间。分众传媒是做物理空间的，据说你已经拿下了中国大部分楼宇，当中国的楼宇盖得差不多的时候，你还能干什么呢？对于我们这些基金来说，通常会看一家公司 5 年、10 年的发展，你的物理增长空间看上去没有百度的大，你的

第四章 投资实战

PE 就应该是这样的。"

江南春听了这番话之后就把分众的定位从"中国最大的生活圈媒体"改为"中国最大的'数字化'媒体集团",改完之后还兴奋不已,做了一系列的收购,包括收购多家互联网广告公司等,想借此吸引投资者,觉得一定可以把 PE 翻上去。

这样做也确实带来了短期的效果,让市值上涨到 86 亿美元,但是分众传媒也仅仅讲了数字化的故事,并没有数字化的技术条件,所以最直接的结果就是 2008 年分众传媒的市值从 86 亿美元直接跌到了 6 亿美元。

分众传媒在早期做的收购有:2006 年 3 月收购凯威点告(手机广告);2007 年 3 月收购好耶(互联网广告)。分众传媒为了"数字化"的定位收购了不少互联网广告公司,为 2011 年浑水做空埋下了伏笔。浑水给分众传媒定了两项"罪名":第一,经营数据造假。浑水认为分众传媒 LCD 显示屏数量和效果均被高估。第二,高管自导自演虚报收购。浑水认为分众传媒在美国上市后的所有收购都是高溢价收购内部人士的公司。浑水做空报告发布之后,分众传媒股价一落千丈。2012 年 8 月,江南春董事长和核心股东启动私有化。2013 年 5 月,分众传媒从纳斯达克退市,退市时美股市值只有 37 亿美元。

私有化时,江南春为了找中信、光大等投资机构融资签了对赌协议。协议约定,如果私有化后第四年公司仍未重新上市,将分配至少 75% 的利润给现有股东。于是分众传媒就很着急地要回归 A 股。一开始分众传媒打算借壳宏达新材。2015 年 6 月 2 日,宏达新材发布了重大资产重组公告,拟购买分众传媒 100% 的股权。本来这事已经八九不离十了,结果 2015 年 6 月 17 日,宏达新材发布公告,称其实际控制人朱德洪因涉嫌违反证券相关法律法规被立案调查,股票存在被实施退市风险警示及暂停上市风险。

借壳宏达新材的事情泡汤后,分众传媒找到了另一个"壳":七喜控股。2015 年 8 月 31 日,分众传媒第二次"借壳"上市成功。

目前的广告行业形成三分天下的局面:互联网广告、电视广告和楼宇广告,其中楼宇广告的商业模式具有主流人群、必经、高频、低干扰四大特点。

其实广告是"反人性"的,几乎没有人想要看广告,广告对于客户来说是一种打扰。大家看电视是为了看节目,刷手机是为了看内容,看电影看剧也会充会员免广告,但楼宇广告则不同,是一个很好的商业模式。下面来仔细说说

价值投资要义

楼宇广告商业模式的特点。

首先说受众，一二线城市的写字楼和社区广告受众往往是公司白领，是中国消费能力最强的人群，是很多广告主的目标客户，楼宇广告有利于将广告受众精准对焦。对于广告主来说，如果没有将受众精准对焦，就会带来广告资源的浪费，之前的广告媒体覆盖人群过于大众化，广撒网式的投放。与分众传媒合作的广告主绝大多数目标人群就是20~50岁的上班族，比方说饿了么、神州租车等。

再说干扰率，快节奏的生活让人的注意力越来越分散，但是楼宇广告干扰率非常低，这会大大增强广告的有效性。电梯广告购买转化率可以达到35%。电梯里空间小，在电梯里人们不会盯着别人看，所以人们的视线往往会放在电梯里的广告上，这就导致了消费者无条件、被动地接受。当然，随着智能手机的普及，部分人会低头玩手机，但是在电梯里信号不好，电话和上网都不方便。在乘梯高峰期电梯里比较拥挤，刷手机会泄露隐私。不仅如此，人在电梯里时间很短，大多数人懒得拿出手机。等电梯的时候还是会有部分人看手机的，根据一组监测数据，100个人在电梯口，14个人会去看手机。根据调研，当一个人在5分钟以上的稳定静止状态中，一定会把手机拿出来，比方说等公交、坐地铁等，但是等电梯一般只有2~3分钟，拿出手机也干不了具体的事情。用江南春董事长的话来说就是：我们正是靠着这两分钟生存了下来。

高铁站、公交站、航站楼也有广告，但是少有人注意到。一方面是因为空间太大了，人们进入高铁站、公交站、航站楼的时候，视野是很广阔的，很难注意到广告牌。另一方面是因为人们等高铁、公交和飞机时间较长，常常会刷手机或者做其他事情。电视广告干扰率也很高，当看电视的时候如果中途出现广告，观众一般都会选择换台。

楼宇广告还有一个特点就是高频必经性。如果广告放在一个没有人路过的地方，即使干扰率低也没有效果。无论是一二线城市的写字楼还是社区电梯，都是购买力比较强的白领高频必经之地。楼宇广告是新中产群体接触媒介之首，媒介到达率将近80%，比互联网、电视等广告媒介都高。

总的来说，楼宇广告是个很不错的商业模式，但是这种商业模式具有很强的可复制性。毕竟在电梯里投放广告是低门槛的，这就引来了不少竞争对手。有钱赚，大家就都要来分一杯羹。

第四章　投资实战

分众传媒做的是端点媒体，与路径媒体不同，抢占端点是楼宇广告竞争的核心，所以梯媒的竞争主要是通过价格优势抢占端点。如果同业竞争者能出更高的价格去抢占到端点，那么就会削减分众的利润。分众传媒的竞争对手有2005年的框架传媒、2006年的聚众传媒、2018年的新潮传媒等。但在这十几年里，竞争对手并未给分众传媒带来太大的威胁，主要原因是竞争对手营收和净利润跟分众不是一个数量级。

因为分众传媒的营收规模很大，所以当竞争对手发展到一定程度时，分众传媒就会打压它们或者收购它们。框架传媒和聚众传媒就是很好的例子。2005年10月，分众传媒以1.83亿美元收购框架传媒。2006年1月，分众传媒以3.25亿美元收购聚众传媒。那么这个"程度"是多少呢？分众传媒大致给出这样的一个标准：与自身相比营收5%以下的公司，分众传媒会与它们和平共处，但是超过5%，分众传媒就会打压和收购。毕竟在电梯里投放广告没有什么技术含量，分众传媒与核心地段的物业相比议价能力也非常弱，因为核心地段的物业掌握着地理位置的优势，分众传媒不做，自然而然有其他广告公司做，而且楼宇广告对于物业来说成本为零。

那么分众传媒的"护城河"在哪里呢？

分众的市占率在75%左右，有观点认为，高市占率是其"护城河"。其实高市占率是典型的假"护城河"，仅仅代表着分众当前的市场份额比较高。梯媒的竞争壁垒很低，分众传媒签的也多是短约，竞争对手要抢夺分众传媒现有的市场份额也比较容易。

分众传媒真正的"护城河"应该是规模优势，这也是其唯一的"护城河"。作为一个几百亿市值的企业，分众传媒的规模足够大，并且集中在一二线城市和社区的楼宇，能够覆盖足够多的受众，从而使广告主愿意合作。如果广告主和一个规模比较小的楼宇广告公司合作，价值意义就不是很大。分众传媒占领的端点最多，几乎是楼宇广告的垄断者，如此大的规模可以降低分发成本。

个人认为，分众传媒的"护城河"是比较浅的，最主要的原因是楼宇广告门槛低，竞争对手能够相对容易地进入。

说完分众传媒的"护城河"，我们再来看下分众传媒的管理层。分众传媒董事长江南春是华东师范大学中文系毕业的，在2003年创立分众传媒，是中国最

价值投资要义

早提出生活圈媒体理念的先行者之一。

江南春是在广告行业里摸爬滚打了几十年的人,经验很丰富,对广告行业和消费者心智的理解很深刻,很擅长捕捉用户的痛点并打造差异化的品牌价值。

目前一二线城市的城镇化已经进入尾声,高楼已经建得差不多了,电梯也差不多装完了。这样一来,就回到了当初全球最大基金公司的老板的问题:当中国的楼宇盖得差不多的时候,你还能干什么呢?

先看楼宇媒体。根据中国电梯协会,2017—2021年中国电梯保有量如下表所示。

年份	2017	2018	2019	2020	2021
电梯保有量(万台)	562.70	627.83	709.75	800.00	844.70
增速	14.0%	11.6%	13.0%	12.7%	5.6%

来源:中国电梯协会

虽然电梯保有量的增速在10%左右,但不代表分众传媒的点位还能以10%左右的速度增长,因为电梯有好多种,分众传媒能签约的只有写字楼的电梯,其中一二线写字楼的电梯是最有价值的,社区电梯和三四线城市的电梯价值都没有一二线写字楼的电梯价值大。

虽然分众传媒传媒年度报告没有公布楼宇广告物业签约的数量,仅仅公布了影院媒体签约影院的家数,但事实上一二线写字楼的电梯增长已经比较稳定了,量上没有空间的话,分众传媒收入的提升就只能靠提价了。那么,分众传媒在楼宇广告上有没有定价权呢?

有的。原因就是物业和广告主非常分散,而分众传媒的市占率高。分众传媒可以将分散化的物业和广告主集中起来创造价值,所以是有定价权的。不过,它虽然有定价权,但是的涨价幅度是一定的。

分众传媒的涨价幅度能超过通货膨胀率吗?可以,因为我相信大多数物业和广告主是可以接受的。分众传媒的价格能涨上天吗?不能,因为广告主的营销也是有预算的,他们不愿意为营销支付过高的成本。

结论就是,分众传媒的涨价区间是在通货膨胀以上,广告主愿意支付最大营销费用以下。这个涨价幅度受多重因素影响,无法计算。

分众传媒的提价权源于物业的分散化,那么近几年物管百强企业管理面积

第四章　投资实战

均值与市场份额的提高会不会对其造成影响呢？2017—2021年物管百强企业管理面积均值与市场份额的数据如下表所示。

年份	2017	2018	2019	2020	2021
物管百强企业管理面积均值（万平方米）	3163.80	3718.13	4278.83	4879.72	5692.98
物管百强企业市场份额	32.4%	38.9%	43.6%	49.7%	52.3%

来源：中指研究院

从表中可知，物业的头部效应慢慢凸显了出来。从分众传媒2017—2021年的毛利率来看，这对其影响不显著，因为物业分散程度相对来说还是比较高的。虽然物业呈现慢慢走向集中的趋势，但是在未来五到十年里是不会影响分众传媒的提价权。

再看影院媒体。疫情使得影院广告营收占比越来越小，几乎可以忽略。不仅如此，比起物业，影院相对来说要集中一些，分众传媒不太能在影院媒体上形成独占态势，其影院广告的毛利率常年低于楼宇广告，所以对于分众传媒来说楼宇广告才是核心。

总的来说，分众传媒在近几年还是有提价权的，这会带动其未来几年营收和净利润的增长，但不是非常高速的增长。

需要补充的一点就是：本人在分析提价权的时候没有考虑竞争对手。如果有竞争对手参与，分众传媒的议价能力还要继续削弱。

最后谈谈分众传媒的周期性。前文提到，无论是分众传媒的ROE、净利润和经营现金流都呈现出一定的周期性。从A股上市之后的财务数据看，2015—2017年，分众传媒呈上行周期；2018—2019年，分众传媒呈下行周期；2020—2021年，分众传媒呈上行周期。

分众传媒2015年借壳上市之后，营收和净利润不断呈现上升趋势，很多投资者在2017—2018年的时候买入，随后受宏观影响，营收和净利润开始下滑，惨遭"戴维斯双杀"。老实说，本人关注分众比较晚，如果本人在2017—2018年关注分众传媒，看到盈利能力如此强的公司，很可能也会买，而且本人很可能也看不出它的周期性。

价值投资要义

我们来具体看下分众在2018年、2019年发生了什么。

2018年的业绩其实还算过得去。2018年，分众传媒半年度报告里披露经营活动产生的现金流量净额下降了31.83%。公司公告给出的解释之一是：受宏观经济的影响，2018年上半年的销售回款与去年同期相比放慢，经营活动现金流入比去年同期增加2.24亿元，滞后于营业收入的增长。

2019年的业绩是分众传媒上市以来最不好看的一年，ROE只有13.76%，同比下降70.67%；归母净利润只有18.75亿元，同比下降67.8%；扣非净利润只有12.82亿元，同比下降74.49%；经营现金流只有34.3亿元，同比下降9.33%。2019年年度报告给出的解释是：一，受宏观经济影响，2019年中国广告市场需求疲软，行业景气度欠佳。公司客户结构中互联网类广告主因市场融资环境等原因调减广告预算，互联网行业广告收入的大幅缩减构成了报告期内公司营业收入下滑的主要原因。二，报告期内受宏观经济影响，客户回款速度普遍放缓，导致账龄结构恶化，风险增加，故公司的信用减值损失的计提和拨备也相应增加了85.0%。分众传媒的周期性主要来源于宏观因素。当宏观经济景气的时候，企业会更加愿意去投放广告因为企业利润增加营销预算比较充足；反之，当宏观经济萧条的时候，企业经营状况比较差，营销预算也比较紧张，也就不愿意找分众传媒合作投广告了。年度报告中也多次提到了回款问题。其实从分众传媒年度报告和季度报告中资产负债表里的应收票据及应收账款、预付款项、应付票据及应付账款和预收账款就可以看出这个问题，相关数据如下表所示。

年份	2015	2016	2017	2018	2019	2020	2021
应收票据及应收账款（亿元）	21.99	22.44	30.90	50.20	41.70	36.19	29.79
应收票据（亿元）	0.17	0.83	1.10	1.97	—	—	—
应收账款（亿元）	21.82	21.62	29.80	48.23	41.70	36.19	29.79
其他应收款（亿元）	51.51	4.09	4.60	1.01	0.60	0.62	0.60
预付款项（亿元）	6.04	7.10	7.27	13.74	8.67	6.32	1.12
应付票据及应付账款（亿元）	2.35	1.69	2.35	4.19	5.71	4.55	2.06

续表

年份	2015	2016	2017	2018	2019	2020	2021
应付票据（亿元）	0.48	—	—	—	—	—	—
应付账款（亿元）	1.87	1.69	2.35	4.19	5.71	4.55	2.06
预收账款（亿元）	3.50	4.57	4.14	3.75	5.14	—	—
其他应付款（亿元）	60.85	15.73	21.93	15.68	15.96	15.62	13.51

来源：分众传媒年度报告

根据分众传媒2020年和2021年年度报告，公司合同资产分别为1.78亿元、1.47亿元，合同负债分别为7.17亿元、7.99亿元。应收票据及应收账款和预付款项增加往往说明公司占用上下游资金的能力变弱，应付票据及应付账款和预收账款增加往往说明公司占用上下游资金的能力变强。我们可以很清楚地看到，在分众传媒不景气的2018年、2019年，公司应收票据及应收账款和预付款项都创了新高。到了2020年、2021年，公司应收票据及应收账款和预付款项的金额才降下来。在分析分众传媒的周期性时，我们可以时刻关注季度报告和年度报告里的应收票据及应收账款、预付款项、应付票据及应付账款和预收账款来判断分众传媒现在的经营状况。

除了宏观经济波动会带动经营数据的波动之外，分众传媒在这将近二十年的时间里还经历着中观产业周期。在前文中提到过日用消费品和互联网行业是分众传媒这两年最主要的广告主，我们可以具体来看下2020—2021年日用消费品和互联网等主要行业占分众传媒营收比重。

年份	2021		2020	
楼宇媒体（仅列举前四名）				
	营收	营收占比	营收	营收占比
日用消费品	5804591385.33	39.12%	4288294991.91	35.45%
互联网	4020449568.17	27.10%	3282310307.16	27.13%
娱乐及休闲	1063590833.96	7.17%	762100938.51	6.30%
商业及服务	701235162.79	4.73%	601064592.35	4.97%

价值投资要义

续表

年份	2021		2020	
影院媒体（仅列举前四名）				
	营收	营收占比	营收	营收占比
日用消费品	526227688.43	3.55%	209566179.16	1.73%
互联网	207004700.00	1.40%	53771246.51	0.45%
通讯	163390689.87	1.10%	78721386.66	0.65%
交通	144952338.10	0.98%	91149120.81	0.75%

来源：分众传媒年度报告

对于中观产业周期，投资者可以选择无视，因为分众传媒是一个品牌传播的渠道，行业的更替与其无关。这个行业不投放广告，自然而然会有下一个行业补上。原来互联网行业业务量将近占分众传媒业务量的一半，现在下降到30%左右，日用消费品业务量有所上升，成了第一，占分众传媒业务量40%左右。

我们可以把分众传媒作为周期股来看待。虽然一家优秀的公司会在周期中体现出成长性，股价也会不断创出新高，但是分众传媒目前没有体现出穿越周期的能力，长期的股价也没有穿越牛熊。与生益科技不同，我们不能无视分众传媒的周期性。事实上也是如此，2019年分众传媒净利润直接下滑到19亿元，这实实在在地给2017年、2018年投资分众传媒的股东泼了一大盆冷水。

到这里，分众传媒这只股票就已经分析完了，本人给出的结论是：分众传媒商业模式简单易懂，确定性比较高，是一家盈利能力很不错的公司，但是"护城河"比较浅。不仅如此，在一年内，本人是不会去买分众传媒的。

原因有两点。第一，分众传媒在2021年交了一份很不错的年度报告，当年营业收入14836422936.69元，同比上升22.64%；归属于上市公司股东的净利润6063162192.53元，同比上升51.43%；归属于上市公司股东的扣除非经常性损益的净利润5413868941.52元，同比上升48.48%；经营活动产生的现金流量净额更是创了新高，达到了9590416889.60元，同比上升83.60%，但是2022年疫情多地爆发对分众传媒的不利影响是巨大的，这从分众传媒2022年一季报就可以看出。分众传媒 2022 年一季报营收和净利润呈现下滑趋势,而且从疫情的状况来看,分众传媒 2022 年半年度报告应该也不好看。

考虑到分众传媒轻资产的商业模式,所以 PB 常年居于高位,不能用 PB 去估值,那么就只能用 PE 去估值。对于周期股,应该是高市盈率的时候买。考虑到分众传媒 2021 年业绩比较好,目前 PE 是比较低的,现在不是买分众的时机,因为一旦 2022 年业绩下滑,就会变成一个高 PE、高 PB 的价值陷阱。

第二,分众要在港股上市了。2021 年 11 月 5 日,分众传媒发布了一大堆报告告诉股东:分众拟赴港上市发行新股。这个可能跟其国际化进程有关,毕竟它在韩国、泰国等也是有业务的。目前还不知道发行价格和发行时间,但是经验告诉我,港股往往比 A 股便宜不少。我们不妨等分众传媒港股上市之后看看价格,然后再做决定。

价值投资要义

通化东宝

（写作时间：2022年6月8日）

糖尿病是一种以高血糖为特征的代谢性疾病，是一种慢性病。中国的糖尿病患者人数居全球之首，近三年分别为2019年1.16亿、2020年1.30亿、2021年1.41亿，大致每十个成年人就有一个糖尿病患者。

不是说人口老龄化就代表医药所有的子行业都可以投资，我们可以看出，现在中国的糖尿病患者增速很缓慢，未来不太可能出现大规模的增长，所以量上空间不大。事实上中国成人糖尿病患者人数在2000年至2011年增速是最快的，从2000年的0.2亿多增长至2011年的0.9亿左右，翻了4倍多，随后增长逐渐缓慢。

胰岛素是机体内唯一降低血糖的激素。机体内提升血糖的激素则有很多，如生长激素、胰高血糖素等。在短期内我们不太可能看到糖尿病被治愈，所以需要胰岛素治疗。

根据起效和作用时间不同，胰岛素可分为速效胰岛素、短效胰岛素、中效胰岛素、长效胰岛素和预混胰岛素，其中预混胰岛素是将速效或短效与中效按一定比例混合而成，其余起效、峰值和持续时间直接看下表即可。

类别	速效胰岛素	短效胰岛素	中效胰岛素	长效胰岛素
起效时间	10~15min	30~60min	2~4h	2~4h
峰值时间	1~2h	2~4h	4~10h	无明显峰值
持续时间	3~5h	6~8h	10~16h	24~36h

来源：公开资料

胰岛素发展至今，已经从最初的第一代胰岛素更新到第四代胰岛素，第一代胰岛素已被淘汰，第四代胰岛素尚未上市。目前市场上只有第二代和第三代

第四章 投资实战

胰岛素。比起第二代胰岛素，第三代胰岛素在起效、峰值和持续时间上都具有优势，但是在集采之前价格高一些，所以大中城市往往用第三代胰岛素，而县级及以下大多用第二代胰岛素。长期来看，第三代胰岛素替代第二代胰岛素是趋势，如果第四代胰岛素上市的话，那么第四代胰岛素替代第三代胰岛素是趋势。从中国样本医院各类胰岛素市场份额的情况我们可以看出，第二代胰岛素市场份额正在逐渐减少，第三代胰岛素市场份额正在逐渐增加。2019年，第三代胰岛素市场份额已经超过80%。

胰岛素行业集中度比较高，呈现出一超多强的局面。从国内公立医疗机构终端胰岛素及其类似药TOP5企业市场份额来看，诺和诺德一家独大，占据将近一半的市场份额，其次是赛诺菲和礼来，接下来才是通化东宝和甘李药业。

年份	2014	2015	2016	2017	2018
诺和诺德	57.73%	55.91%	52.14%	50.48%	48.99%
赛诺菲	12.58%	12.85%	13.91%	14.04%	14.56%
礼来	13.09%	12.16%	12.33%	12.22%	12.61%
通化东宝	7.49%	8.38%	9.27%	9.63%	9.42%
甘李药业	5.21%	6.45%	7.48%	8.39%	8.76%

来源：米内网

诺和诺德成立于1923年，总部位于北欧小国丹麦，在美股上市。截至2022年6月7日收盘，诺和诺德的市盈率（TTM）为37.04倍，长期来看股价是不断上涨的，但是因为在美股上市，所以中国投资者投资起来不太方便。那么国产替代下通化东宝有没有可能突破国外垄断的僵局并迎来高增长呢？我个人判断是不太可能。

我们来看下通化东宝这家公司。先看财务数据，不得不说，通化东宝近几年的财务数据很好看。

年份	2017	2018	2019	2020	2021
ROE（%）	19.79	17.63	16.58	17.72	22.08
营业收入（亿元）	25.45	26.93	27.77	28.92	32.68

价值投资要义

续表

年份	2017	2018	2019	2020	2021
归母净利润（亿元）	8.37	8.39	8.11	9.30	13.08
扣非净利润（亿元）	8.35	8.14	8.09	9.55	11.05
经营现金流（亿元）	9.61	8.77	11.52	11.92	11.80
资产负债率（%）	4.53	13.34	6.38	4.20	4.60
净现比	1.15	1.05	1.42	1.28	0.90

来源：通化东宝年度报告

2017—2021年，通化东宝ROE高于15%并且拥有极低的资产负债率，美中不足的就是2017—2019年扣非净利润几乎没有增长。不仅如此，通化东宝的2022年一季报数据也很好看，归母净利润同比增加146.90%，扣非净利润同比增加15.63%。

然而，这样一家不断赚钱的公司股价却一直萎靡不振。截至2022年6月8日收盘，通化东宝的市盈率（TTM）为11.05倍，估值从2020年7月开始不断下降，股价也是长期不涨。公司赚钱，股东可不一定赚钱。

通化东宝是1992年成立的，成立时还不是一家做胰岛素的公司，当时的业务是中成药和塑料门窗。1994年，通化东宝于上交所上市。虽然中成药、地产和建材行业比重逐年减少，但是这些业务还没有完全剥离，所以看着不太顺眼。

年份	2017	2018	2019	2020	2021
医药行业营收（元）	2271728608.92	2341124999.48	2636420062.33	2779289883.20	3187174603.42
建材行业营收（元）	40341154.60	9582380.96	4863019.76	6818611.99	2192467.39
房地产行业营收（元）	214256367.69	315456501.99	111170199.83	68926190.46	29313133.31

来源：通化东宝年度报告

根据年度报告，近几年通化东宝第二代胰岛素的市场份额一直排在第二位，仅次于诺和诺德：2016年和2017年在20%以上，2018年和2019年在25%以上，2020年通化东宝在34%以上。通化东宝在第二代胰岛素上市占率很高是有原因的。公司一直在抢占第二代胰岛素市场，而在第三代胰岛素上布局比较晚。通化东宝的竞争对手却战略性地放弃了第二代胰岛素市场，因为三代替代二代是必然趋势。

这个和公司战略定位上是有关系的，事实上通化东宝主要的客户是在县级及以下，这些基层客户因为价格原因往往会选择第二代胰岛素。在集采之前第二代胰岛素费用人均年费用只有第三代胰岛素的50%~60%，对于县级及以下客户来说，每年胰岛素治疗费用是个不小的开支，二代是有价格优势的。

2021年11月30日，国家联合采购办公室发布《关于公布全国药品集中采购（胰岛素专项）中选结果的通知》，拟中选产品平均降价幅度为49%。礼来的精蛋白锌重组赖脯胰岛素混合注射液（25R）降幅最大，降幅达到74%，拟中选价格为18.89元/支。部分第三代胰岛素的价格已经比第二代胰岛素低了。集采之后，我个人对通化东宝的发展是偏悲观的，通化东宝的产品降价幅度不大，平均降幅只有41%。没有了价格优势后，通化东宝的第二代胰岛素是肯定会受影响的。至于第三代胰岛素，甘李药业的报价也比通化东宝低。甘李药业的产品平均降幅为65%，看来是下了狠心的。未来甘李药业可能会成为赢家，但是甘李药业上市时间比较短，所以不考虑投资它。

结论很简单：排除通化东宝。中国糖尿病患者人数不太可能有较高的增速，所以量上几乎没有空间。通化东宝的第二代胰岛素市占率排名第二，取得了战役上的胜利，但是在战略上布局第三代胰岛素落后于同业。集采以后，价格下降，量和价都不增长，胰岛素行业利润会受影响。根据集采后报价，第二代胰岛素也不再具有价格优势。

价值投资要义

中顺洁柔

（写作时间：2023年2月18日）

起初关注到中顺洁柔这家公司纯粹是因为偶然看到了公司兜底式增持的资讯。2021年5月9日，中顺洁柔发布《关于公司董事、实际控制人向全体员工发出增持公司股票倡议书的公告》，公告称公司董事、实际控制人邓颖忠鼓励公司及下属控股公司全体员工积极买入公司股票。邓颖忠还承诺：凡在2021年5月10日至2021年5月31日期间净买入中顺洁柔股票（不低于1000股），且连续持有至2022年5月30日并在职的员工，若因在前述期间买入公司股票产生的亏损，由本人予以全额补偿；若产生收益，则全部归员工个人所有。

这则公告意思很简单：自家员工买入中顺洁柔股票并持有一年，赚钱了算员工的，亏损了算老板的。

此外，公司董事会秘书周启超2021年5月10日通过互联网平台发文称："公司是所有消费品中估值最便宜的""公司股票价格过去4年涨了6倍""公司未来没有融资计划"。周启超的意思就是：目前中顺洁柔股价很便宜，公司在二级市场过往表现良好，未来公司也不太缺钱，快买！

这波操作直接引来了深交所的关注函，2021年5月13日，深交所向中顺洁柔发出关注函，就兜底式增持和董事会秘书周启超的言论这两件事情核实了七个事项。随后，公司股价短期上涨至高点34.77元，不过好景不长，接下来股价就是开始了一年的下跌之路。截至2022年5月30日收盘，中顺洁柔股价为10.86元，自高点34.77元回撤70%左右，员工血亏。

好在邓颖忠说话算话，2022年6月3日，中顺洁柔发布《关于实际控制人倡议员工增持公司股票承诺事项履行完毕的公告》，称邓颖忠对符合补偿条件的264名员工补偿了二千五百多万元。这一年，监事李佑全、副总裁叶龙方、董事兼副总裁刘金锋、证券事务代表梁瑶陆续辞职。正所谓"春江水暖鸭先知"，高管离职也说明了公司的经营可能出现了一些问题。

接下来，我们就来分析中顺洁柔这家公司。

中顺洁柔属于生活用纸行业，生活用纸属于必需消费品，需求弹性小，抗周期性比较强。行业性质乍一看还不错，不过最近几年行业产能过剩比较严重。中国生活用纸行业2017—2021年产能年均复合增长率为9.1%，而产能利用率却逐年下降，从2017年的73.8%下降至2021年的53.9%。

虽然是必需消费品，但是近几年生活用纸的消费量增速并不高。根据中国造纸协会数据，2017—2021年中国生活用纸消费量和增速如下表所示。

年份	2017	2018	2019	2020	2021
生活用纸消费量（万吨）	890	901	930	996	1046
同比增减	4.22%	1.24%	3.22%	7.10%	5.02%

来源：中国造纸协会

国家统计局数据显示，2022年全国人口为14.12亿，与2021年相比减少了85万。人口总量的负增长会导致必需消费品需求的萎缩。好在生活用纸属于重复性消费，人口总量没有上升，但是如果人均消费量上升的话也会带来量的增长。一份有关全球部分国家或地区的人均卫生纸用量的报告显示，中国每年人均卫生纸用量为49卷，相比于美国每年人均卫生纸用量141卷还有提升空间。根据Wind数据，人均生活用纸消费量与人均GDP呈现正相关趋势，相关系数为0.967。宏观经济发展会推动人均生活用纸消费量的增长，不过从近几年生活用纸消费量增速来看，效果不明显。

总的来说，产能扩张而消费下滑，导致生活用纸行业出现了明显的产能过剩。

行业集中度方面，2017—2020年中国生活用纸CR4在30%左右。而根据2020年欧睿数据，美国生活用纸CR3接近70%，日本生活用纸CR3在60%左右。中国生活用纸行业集中度与美国和日本相比还有很大的差距。"双碳"目标下，环保政策趋严，行业有望淘汰落后产能，一些经济规模不合理、能耗水耗较高、排放不达标的企业会被陆续关停，这有利于中国生活用纸行业集中度的提升。不过这个提升速度应该不会太快，因为生活用纸行业的竞争主要是以区域性市场竞争为主的。

中顺洁柔2021年年度报告指出：由于生活用纸单位价值较低，运输费用占

价值投资要义

销售价格的比重较大，受运输半径因素的制约，生活用纸行业的竞争以区域性市场竞争为主。下表为中顺洁柔 2017—2021 年的运输费占比。我们可以很直观地看出：对于生活用纸企业，运输费是一笔不小的开支。

年份	2017	2018	2019	2020	2021
运输费（亿元）	2.10	2.53	2.97	0.91	1.02
销售费用（亿元）	8.87	10.13	13.70	15.45	19.87
运输费占比	24%	25%	22%	6%	5%

来源：中顺洁柔年度报告

像生活用纸第二梯队的金佰利、王子妮飘等公司都是区域性企业。虽然生活用纸第一梯队的企业生产基地是全国化布局，不过仍然面临着区域性市场竞争的风险。

接着我们来说说生活用纸行业的产业链。生活用纸行业产业链分为上游原材料、中游加工和下游渠道。上游原材料阔叶浆、针叶浆等纸浆成本占生活用纸企业生产成本的 40%~60%，而纸浆是国际性大宗原材料，其价格会随着经济周期波动。中国木浆对进口的依存度接近 70%，所以纸浆价格的变动会直接影响到生活用纸企业的生产经营情况。

我们来看下最近几年纸浆价格的波动。2017 年下半年纸浆价格大幅上涨，2018 年持续维持在高位水平，2019 年回落，2020 年持续维持在低位水平，2021 年上涨，2022 年持续维持在高位水平。纸浆价格上涨会给生活用纸企业带来成本压力，导致生活用纸企业毛利率下降。反之，纸浆价格下降，生活用纸企业毛利率上升。我们来看下 2017—2021 年恒安国际、维达国际和中顺洁柔的毛利率。

恒安国际					
年份	2017	2018	2019	2020	2021
毛利率	46.91%	38.20%	38.63%	42.26%	37.38%
维达国际					
年份	2017	2018	2019	2020	2021
毛利率	29.66%	28.14%	31.01%	37.69%	35.32%

第四章　投资实战

续表

中顺洁柔					
年份	2017	2018	2019	2020	2021
毛利率	34.92%	34.07%	39.63%	41.32%	35.92%

来源：慧博

纸浆价格不仅会影响生活用纸企业的毛利率，还会影响生活用纸企业的股价。不过纸浆价格的上涨和下跌不是实时反映到股价上，而是会滞后一段时间。作为普通投资者，本人没有能力去预测纸浆价格的走势，也不会以纸浆价格的走势作为投资判断依据。

对生活用纸行业有了了解以后，我们就可以来分析中顺洁柔这家公司了。中顺洁柔前身为中顺纸业，2008年公司进行了股份制改革，2010年在深交所上市，是首家A股上市的生活用纸企业。早期中顺洁柔只有生活用纸业务，后来公司实施多元化战略，又布局了护理用品、健康精品和商销产品三大业务板块。不过从营业收入占比上来看，生活用纸业务还是核心业务，其余业务占比小到可以忽略，所以投资者只需要研究公司的生活用纸业务即可。

中顺洁柔2022年年度报告还没出来，我们先来看看公司2017—2021年的财务数据。除去2021年公司ROE和归母净利润大幅下滑以外，公司扣非净利润和经营现金流的增速都体现出较高的成长性。

年份	2017	2018	2019	2020	2021
ROE（%）	12.28	12.67	16.42	19.86	11.82
营业收入（亿元）	46.38	56.79	66.35	78.24	91.50
归母净利润（亿元）	3.49	4.07	6.04	9.06	5.81
扣非净利润（亿元）	3.26	3.93	5.89	8.92	5.68
经营现金流（亿元）	5.85	4.37	13.60	8.28	13.20
净现比	1.68	1.07	2.25	0.91	2.27

来源：中顺洁柔年度报告

中顺洁柔的竞争力来源于产品和渠道。在产品上，公司注重中高端市场，

价值投资要义

不断提升高端、高毛利的销售占比。在渠道上，公司将之前单一的经销商渠道拓展成现在的GT（传统经销商渠道）、KA（大型连锁卖场渠道）、AFH（商用消费品渠道）、EC（电商渠道）、RC（新零售渠道）五大渠道。

虽然中顺洁柔在产品和渠道上有一定的竞争优势，但是生活用纸的同质化现象还是比较严重的。此外，中顺洁柔是重资产运营的，固定资产和在建工程占总资产比重较高，我们取"固定资产+在建工程"作为有形资产来看下公司2017—2021年固定资产和在建工程占总资产的比例。

年份	2017	2018	2019	2020	2021
在建工程（亿元）	1.98	1.14	0.56	2.76	1.35
固定资产（亿元）	23.21	25.56	29.21	27.93	31.29
总资产（亿元）	57.92	51.46	60.26	74.78	75.23
有形资产占比	43%	52%	49%	41%	43%

来源：中顺洁柔年度报告

重资产运营的公司会有着高昂的折旧费用，本着"高速发展的重资产企业才可以投资"的原则，中顺洁柔不是一个很好的投资标的，毕竟生活用纸行业不在行业成长的黄金时期，行业产能过剩逐渐加剧而且消费量增速不高。

最后，我们来看下中顺洁柔的股权激励和员工持股计划。中顺洁柔是家族企业，公司的实际控制人是邓氏父子（邓颖忠、邓冠彪、邓冠杰）。在家族企业中实施股权激励和员工持股计划可以起到绑定核心人员利益的作用。公司曾经推出的两次股权激励计划都达到了很好的效果。

中顺洁柔2015年推出首个股票激励计划。根据公司2015年10月21日发布的《限制性股票激励计划（草案）》，拟授予限制性股票数量1900.00万股，涉及董事、高级管理人员、中层管理人员和核心技术（业务）骨干共242人。本次股票激励计划公司层面解锁业绩条件为：以2014年业绩为基准，2016/2017/2018年净利润增长率分别不低于129%/249%/352%（"净利润增长率"以归属于上市公司股东的扣除非经常性损益的净利润为计算依据）；营业收入增长率分别不低于37%/60%/83%。

经过2013年和2014年两年的调整，中顺洁柔的营收和净利润正处于周期底部，2014年的业绩处在低位，此时推出股权激励计划不仅可以留住核心人才、提振公司长期发展的信心，也可以在低基数下让公司层面业绩考核完成得更容易一些。

首次股票激励计划三期均顺利达到解锁条件。在第一次股权激励尝到了甜头之后，中顺洁柔2018年推出了股票期权与限制性股票激励计划。根据公司2018年12月19日发布的《2018年股票期权与限制性股票激励计划（草案）》，拟向激励对象授予权益总计4481.6万份，其中股票期权为1959.85万份、限制性股票为2521.75万份，首次授予的激励对象总人数为4681人，包括高级管理人员、中层管理人员、核心技术（业务）人员和公司认为应当激励的其他员工。

从人数上可以直观地看出第二次激励计划覆盖面更广。这次股票期权与限制性股票激励计划公司业绩考核要求为：以2017年营业收入为基数，2019/2020/2021年营业收入增长率不低于41.60%/67.09%/94.03%。

第二次激励计划三期也都顺利达到解锁条件。随后公司推出了第三次激励计划，于2022年12月21日发布了《2022年股票期权与限制性股票激励计划（草案）》。不过对于这次股权激励我个人倒不是很看好，因为这次股权激励公司层面的业绩考核要求纯粹是"青铜"模式的，无法达到真正激励的目的。根据公司2022年12月21日发布的《2022年股票期权与限制性股票激励计划（草案）》，本次激励计划公司层面业绩考核如下表所示。

解除限售安排	业绩考核
第一个解除限售期	2023年营业收入不低于100亿元
第二个解除限售期	2024年营业收入不低于110亿元
第三个解除限售期	2025年营业收入不低于121亿元

来源：公司公告

根据2021年年度报告数据，公司营收约为91.50亿元。倘若要2021年达到100亿元的营收，则营收增速仅为9%左右，而接下来两年的营收增速只需要达到10%即可。而公司2017—2021年的营收增速就没有一年不超过10%的，所以要完成第三次股权激励难度不大。

除了股权激励以外，公司还开展了员工持股计划。前两期员工持股计划当

价值投资要义

年即完成了全部股票购买。不过第三期员工持股计划推进不太顺利。2021年12月1日，中顺洁柔发布了《关于终止第三期员工持股计划的公告》。三天后，公司就又迎来了深交所的关注函。根据公司对关注函的回复，员工持股计划未能成立的原因是员工参与意愿减弱。

根据上述分析，本人不考虑投资中顺洁柔。中国生活用纸行业产能过剩现象比较明显，叠加消费量增速不高、行业难以形成独占格局等原因，从量的角度上来看没有多少成长空间，所以只能在价的方向上突破。中顺洁柔也在执行提价策略，可惜在生活用纸行业的竞争格局下，消费者对其中一家公司的提价和降价比较敏感，提价会影响公司产品的销售速度。我们从2017—2021年公司的存货周转率就可以看出这一点。

年份	2017	2018	2019	2020	2021
存货周转率	6.24	5.33	4.34	3.47	3.75

来源：东方财富

此外，公司兜底式增持的风波和员工持股计划的终止引来深交所的两份关注函也让本人保持着谨慎投资的态度。